Brigitte Lau

Faszination Agility

Faszination Agility

Von Brigitte Lau

Verlagshaus Reutlingen · Oertel + Spörer

Haftungsausschluss

Die Hinweise in diesem Buch stammen von der Autorin.
Es können jedoch keinerlei Garantien übernommen werden.
Eine Haftung der Autorin bzw. des Verlages und seiner Beauftragten für Personen-, Sach- und Vermögensschäden ist ausgeschlossen.

Die Deutsche Bibliothek – CIP-Einheitsaufnahme

Lau, Brigitte:
Faszination Agility / von Brigitte Lau. –
Reutlingen : Verl.-Haus Reutlingen Oertel und Spörer, 1999
ISBN 3-88627-229-X

Postfach 16 42 · 72706 Reutlingen

Lektorat: Dr. Gabriele Lehari, Reutlingen
Schrift: 10/12 p Stone
Satz: typoscript GmbH, Kirchentellinsfurt
Reproduktionen: Oertel + Spörer, Reutlingen
Druck: Oertel + Spörer, Reutlingen
Einband: Heinrich Koch, Tübingen
Printed in Germany
ISBN 3-88627-229-X

Vorwort

Agility – eine sportliche Beschäftigung mit dem Hund, deren besonderer Reiz in der Harmonie und dem Verständnis zwischen den ungleichen Partnern Mensch und Hund besteht. Fasziniert durch Dynamik, Rasanz und Spannung veranlasst Agility viele Hundefreunde, diesen Sport mit dem Hund auszuüben.

Einen Hund über Spiel und Motivation auszubilden, ist die Grundlage dieser Begeisterung. Diese Begeisterung weiterzuvermitteln war der Grund zur Entstehung dieses Buches. Es kann nur als Anregung zur Arbeit mit dem Hund im Agility dienen. Denn Agility wird durch die Individualität von Mensch und Hund geprägt. Aus diesem Grund gibt es nicht den „Königsweg“ bei der Ausbildung eines Hundes zum Agility-Hund. Jeder Sportler muss mit seinem Hund seinen eigenen Weg finden. Dieses Buch vermittelt meine Erfahrungen im Training mit vielen sechsbeinigen Teams und versucht, Alternativen aufzuzeigen.

Diskussionen am Rande des Turniergeschehens, Austausch von Erfahrungen über Trainingsmethoden, Ratschläge von Sportkollegen und neue Erkenntnisse auf Seminaren gaben mir viele wertvolle Anregungen zu diesem Buch. Dafür möchte ich mich bei den Sportlern und anderen Aktiven bedanken. Bedanken möchte ich mich auch bei meinen Freunden Eva und Hermann, die mich vor allem durch geduldiges Zuhören immer wieder motivierten weiterzuschreiben.

Ein besonderer Dank gilt meinen Hunden. Der jetzt alten Hündin Kessie, ohne die ich nie zum Hundesport gekommen wäre und die mich durch ihre pure Lebensfreude lehrte, wie schön die Freundschaft zwischen Mensch und Hund sein kann. Und unserem Nat, der meine Kinderträume von einem Hund vollkommen erfüllt.

Brigitte Lau

Inhalt

1 Einführung

Agility – Was ist das?

Agility – eine verhältnismäßig junge Hundesportart – erfreut sich seit einigen Jahren ständig wachsender Beliebtheit. Dieser dem Springreiten nachempfundene Sport ist, in Perfektion ausgeführt, an Rasanz kaum zu überbieten. Er fasziniert durch die Harmonie zwischen Mensch und Hund, die als Team immer neue Aufgaben zu erfüllen haben, welche in einem Parcours mit hundgerechten Geräten gestellt werden.

Genau wie beim Springreiten wird beim Agility ein Parcours mit verschiedenen Geräten wie z. B. Hoch- und Weitsprüngen, Röhre, Slalom und anderen aufgebaut. Diese Geräte sind von den Hunden in einer vorgegebenen Reihenfolge abzuarbeiten. Wie beim Reitsport haben die Hundeführer vor dem Wettbewerb Gelegenheit, sich den Parcours anzusehen, einzuprägen und den optimalen Weg für sich und ihren Hund zu suchen. Wie im Reitsport führt der schnellste, fehlerfreie Lauf zum Sieg. Es begeistert immer wieder zu sehen, mit welcher Freude die Hunde ohne Halsband und Leine, nur geführt durch die Körpersprache und die akustischen Signale des Menschen, den Parcours bewältigen.

Schlägt man im Duden unter „agil – Agilität“ nach, wird dieser Begriff mit „Behendigkeit – Beweglichkeit“ erklärt. Keine andere Definition würde diese Beschäftigung mit dem Hund exakter beschreiben. Die von Hund und Hundeführer im Parcours zu bewältigenden Schwierigkeiten sind nur mit entsprechender körperlicher sowie geistiger Beweglichkeit zu lösen.

Fast alle unsere Rassehunde wurden gezüchtet zur Unterstützung des Menschen bei bestimmten Aufgaben, sei es bei der Jagd, als Schutz- oder Hütehund oder sonstigen speziellen Aufgaben. Da die meisten unserer Hunde nicht mehr mit diesen sinnvollen Tätigkeiten beschäftigt werden können, liegt es an uns, unserem Hund eine Alternative zu bieten.

Von den Hunden wird im Agility nichts Unnatürliches verlangt. Die Bewegungsabläufe bei der Bewältigung des Parcours entsprechen im Wesentlichen denen der Urahnen des Hundes bei der Jagd im Rudel. Auch die Abstimmung mit den anderen Rudelmitgliedern durch die Körpersprache ist ein wesentlicher Bestandteil für ein harmonisches Zusammenleben im Rudel.

Hunde spielen, ebenso wie ihre Urahnen die Wölfe, noch bis ins hohe Alter. Sie werden von den Jungtieren immer wieder gefordert, wobei spielerisch die Rangordnung im Rudel gefestigt wird.

Das harmonische Zusammenleben im Rudel wird durch das Spiel gefördert. Auch Agility sollte in erster Linie Spiel mit dem Hund sein. Der Spaß an der Bewegung, die Harmonie zwischen Hundeführer und Hund im Zusammenspiel zwischen beiden bewirkt die Faszination des Agility.

Entstehung und Entwicklung des Agility

Wie bei vielen Sportarten sind die Wurzeln des Agility in England zu suchen. Und wie meistens hat auch hier der Erfolg viele Väter. Zunächst war nicht an eine neue Sportart gedacht, man wollte lediglich den Besuchern der weltgrößten Hundezuchtschau, welche damals noch in London stattfand, ein attraktives Unterhaltungsprogramm bieten.

Im Rahmen der Vorbereitungen zur „Cruft's" 1978 entwickelte John Varley, ein reitsportbegeistertes Mitglied des Organisationskomitees, die Idee, ähnlich dem Springreiten einen Parcours für Hunde zu bauen. Zusammen mit dem erfahrenen Hundetrainer Peter Meanwell entwickelte er verschiedene Geräte, die dem Naturell und den Bewegungsabläufen der Hunde entgegenkamen. Diese erste „Agility"-Vorführung wurde von den Zuschauern so begeistert aufgenommen, dass diese Show für die nächsten Jahre ein fester Programmpunkt der „Cruft's" wurde.

Durch die enorme Anzahl der Besucher dieser Ausstellung, auch vom europäischen Festland, war natürlich für eine rasche Verbreitung dieser sportlichen Betätigung mit dem Hund gesorgt. In verhältnismäßig kurzer Zeit nahmen in Großbritannien auch Vereine diese neue Form der Beschäftigung mit dem Partner Hund

Die deutschen Teilnehmer des Wettbewerbes anlässlich der World Dog Show 1995 in Brüssel: v. l. Cornelia Kock mit Zasko, Claudia Elsner mit Viko, Bärbel Rüberg mit Anina, die Autorin Brigitte Lau mit Nat und dhv-Agility-Obmann Hans-Günter Hertrich.

in ihr sportliches Programm auf. Schnell wurde klar, dass ein einheitliches Regelwerk nötig war. Man erarbeitete für Großbritannien ein Reglement, bildete Richter aus und schaffte damit die Voraussetzungen für die ersten Agility-Wettbewerbe.

Bereits 1989 wurde in Frankreich von der „Société Centrale Canine" unter der Leitung von Jean-Paul Petitdidier ein Reglement erarbeitet, welches 1990 von der Fédération Cynologique Internationale (FCI) übernommen wurde. Ab 1991 trat es für alle der FCI angeschlossene Verbände in Kraft, womit Agility nunmehr offiziell auch international in das hundesportliche Programm gehörte.

Erste Versuche, Agility auch in Deutschland einzuführen, gab es 1987/88, als der DAC (Deutscher Agility Club) sich bemühte, diesen Sport einem breiten Publikum nahe zu bringen. Jedoch blieben diese Versuche auf den engen regionalen Bereich des Rhein-Main-Gebietes begrenzt. Einen enormen Schub bekamen die Bemühungen, als der DVG (Deutscher Verband der Gebrauchshundsportvereine), unter der Leitung von Christa Bremer, Agility in sein sportliches Angebot aufnahm. Mit Unterstützung der Firma Pedigree Pal wurde interessierten Vereinen Agility-Parcours zur Verfügung gestellt. Im Herbst 1990 erfolgte dann der erste offizielle internationale Auftritt einer Agility-Vertretung des dhv (Deutscher Hundesportverband). Im Rahmen der 1. Europäischen Meisterschaft in Verona konnten sich deutsche Agility-Sportler mit Vertretern aus Frankreich, Italien und Österreich messen. Nun ging es Schlag auf Schlag – der DVG ließ Agility-Richter ausbilden. Mit Unterstützung von Ute und Jakob Schnider aus Österreich konnten die ersten Trainer in ihre Aufgaben eingewiesen werden und absolvierten ihre Prüfung.

Ab 1991 reisten dann eine Reihe Sportler aus fünf DVG-Vereinen, auch hier wieder gesponsert durch die Fa. Pedigree Pal, mit ihren Hunden quer durch Deutschland, um auf Hundezuchtschauen und anderen Großveranstaltungen Agility vorzuführen. Sie begeisterten damit immer mehr Hundehalter und Hundesportler für diesen rasanten Sport. Der Effekt war enorm – innerhalb weniger Jahre stieg die Zahl der Verbände und Vereine, die Agility anboten, trotz aller Schwierigkeiten sprunghaft an. Im Rahmen der Jahreshauptversammlung im März 1993 dokumentierte der DVG mit der Wahl von Hans-Günther Hertrich zum Agility-Obmann den Stellenwert, den er diesem Sport einräumt.

Erste Turniere wurden veranstaltet und auf internationaler Ebene wurden unter der Regie der FCI jetzt regelmäßig Europameisterschaften durchgeführt, welche 1996 durch die erste Weltmeisterschaft in der Schweiz abgelöst wurde. In Deutschland wurde 1995 in Düsseldorf die erste offizielle offene deutsche Meisterschaft ausgetragen. Den ersten Meistertitel konnte Claudia Elsner mit ihrem Border Collie Viko erringen. Dieses Team konnte auch in den Folgejahren noch weitere beachtliche Erfolge erzielen und auch international Akzente setzen.

Mit der Etablierung des Agility bekam der Hundesport auch in Deutschland ein weiteres Standbein. Ein Ende der Entwicklung dieses attraktiven Hundesports ist zur Zeit noch nicht absehbar. Die Nachfrage boomt. Es ist zu hoffen, dass sich weitere Vereine dieser neuen, schönen Sportart öffnen oder neu gegründet werden, um möglichst vielen interessierten Hundefreunden die Möglichkeit zu geben, mit ihren Hunden den Spaß und die Freude zu erleben, welche die gemeinsame Arbeit bringt.

2 Voraussetzungen

Welcher Hund eignet sich für Agility?

Zieht man in Betracht, dass im Agility natürliche Bewegungsabläufe vom Hund verlangt werden, ist dieser Sport für jeden Hund geeignet. Richtig eingesetzt fördert er die Kondition, die Konzentration und die Koordination der Bewegungsabläufe. Verhaltensstörungen durch Bewegungsmangel können durch Sport ausgeglichen werden. Bevor man mit seinem Hund ein gezieltes Agility-Training beginnt, sollte ein Gesundheitscheck beim Tierarzt selbstverständlich sein. Dazu gehört, dass der Hund vor Beginn des Sprungtrainings geröntgt wird. Die Hüften und Schultern sowie die Knie- und Sprunggelenke sollten keine Deformationen aufweisen. Diese Vorsorgemaßnahme ist notwendig, weil Hunde wegen der Freude am gemeinsamen Spiel Schmerzen meistens erst spät anzeigen. Aus diesem Grunde steht der Hundeführer in der Verantwortung für die Gesundheit seines Hundes, die vor allem sportlichen Ehrgeiz Vorrang hat.

Da exakter Gehorsam eine wesentliche Voraussetzung für das Agility ist, hat dies natürlich auch eine positive Auswirkung auf das allgemeine Verhalten der Hunde. Agility bedeutet Spiel und Spaß mit dem Hund – das heißt konsequenterweise, es ist für jeden gesunden Hund geeignet. Die Frage, welcher Hund sich für Agility eignet, könnte somit eigentlich gestrichen werden. Besser wäre die Fragestellung: Welche Ziele kann und will ich mit meinem Hund im Agility erreichen? Durch rassespezifische Eigenschaften gibt es für verschiedene Hunde Grenzen, wenn Agility nicht nur als Spiel und Spaß, sondern im sportlichen Vergleich betrieben wird.

Der kleine Chihuahua hat aufgrund seiner geringen Größe, seines Gewichts und seiner Grundschnelligkeit kaum eine Chance, mit den anderen Hunden der Mini-Klasse konkurrieren zu können. Gleiches gilt für extrem große und schwere Hunde wie Bern-

Ein freudig arbeitender Australian Shepherd im Slalom.

Der kleine Coton de Tulear hat seine Lektionen gelernt und arbeitet mit sichtbarer Begeisterung den Tunnel schnell und sicher.

Keine Angst in der dunklen Röhre zeigt dieser Jagdhundwelpe.

hardiner, Leonberger oder ähnliche Rassen. Diese Hunde würden sich schwer tun, mit ihrem hohen Gewicht die Hürden zu überspringen. Verglichen mit Sportarten aus dem Humanbereich würde niemand erwarten, dass ein Sumo-Ringer beim Hürdenlauf Spitzenleistungen erbringt oder eine zierliche Balletttänzerin Rekorde im Gewichtheben aufstellt.

Geht man von der sprachlichen Definition für „agil" aus, ist der geeignete Agility-Hund ein wendiger, sehr beweglicher Hund, der körperlich gesund und fit ist. Außerdem sollte er mit genügend Triebanlagen ausgestattet sein, die im Training für die Motivationsarbeit genutzt werden können, um gute Leistungen zu erbringen. Er sollte eine ordentliche Wesensfestigkeit mitbringen und schon früh zu einem guten Sozialverhalten erzogen werden.

Besucher der großen Turniere sehen vor allem Hüte- und Gebrauchshunde wie Border Collies, Malinois, Tervueren, Groenendaels oder Australian Shepherds im Parcours. In der Mini-Kategorie (Widerristhöhe < 40 cm) werden häufig Shelties, Terrier oder

Kleinpudel geführt. Der Deutsche Schäferhund ist in diesem Sport meist ein sehr sicherer Hund, dem durch Größe und Gewicht leider häufig die notwendige Grundgeschwindigkeit fehlt, um gegen die kleineren, leichten Hunde im Wettbewerb bestehen zu können.

Diese Rassen, die von ihren Zuchtzielen her zur gemeinsamen Arbeit mit dem Menschen selektiert wurden, bringen eine große Arbeitsbereitschaft mit. Das erleichtert die Ausbildung erheblich. Es bedeutet auf der anderen Seite aber, dass der Hundeführer dem Arbeitsbedürfnis der Tiere gerecht werden muss. Das Agility-Training und Spaziergänge reichen diesen Hunden meistens nicht aus. Es ist daher notwendig, sie auch mit anderen Aufgaben zu fordern. Da ich selbst einen Border Collie führe, weiß ich, dass Hunde dieser Rasse gefordert werden müssen, damit sie ausgeglichen sind. Eine Unterforderung bringt häufig die Gefahr von Verhaltensstörungen mit sich. Von Hütespielen über Nasenarbeit und immer neuen Ideen in der Unterordnung versuche ich, seinem Arbeitstrieb gerecht zu werden.

Jagdhund-Rassen, meistens vom Körperbau recht gut geeignet, bringen beim Agility gelegentlich besondere Probleme mit. Nehmen sie im Parcours eine Spur auf, sind sie sehr schnell abgelenkt, weil der Trieb, einer Fährte zu folgen, durch die Zucht bei Jagdhunden gefördert wird. Beim Training und im Parcours führt dieser Instinkt oft zur Verzweiflung der Hundeführer.

Eine echte Herausforderung ist es auch, mit Hunden zu trainieren, die von ihrer Zuchtveranlagung her eigentlich sehr selbstständig arbeiten, wie zum Beispiel kleine Terrier, die als Bautenhunde gezüchtet wurden. Gleiches gilt auch für Rassen, die überwiegend als Meutehunde arbeiten, weil das angezüchtete Arbeitsverhalten sie gerne eigene Wege gehen lässt, was im Agility meistens zu einer sofortigen Disqualifikation führt. Die Retriever-Rassen zeichnen sich zwar durch ihre Arbeitsbereitschaft aus, jedoch fehlt ihnen meistens die Spritzigkeit der schnellen Rassen. Diese mangelnde Schnelligkeit kann jedoch durch geschicktes Führen ausgeglichen werden. Ein harmonischer Lauf hat schon manchen Sieg gebracht.

Natürlich kann der Sport auch mit Mischrassen aller Größen mit den oben genannten Einschränkungen betrieben werden. Bei diesen Hunden ist es jedoch von Zufälligkeiten abhängig, welche Wesens- und Leistungsmerkmale sie mitbringen. Außerdem muss bei Mischrassen berücksichtigt werden, dass diese bei internationalen Wettbewerben, die von der FCI veranstaltet werden, nicht startberechtigt sind.

Die Mehrzahl der Hunde, die im Agility geführt werden, sind Familienhunde, gleich welcher Rasse und Größe. Eine der wesentlichsten Aufgaben des Hundeführers ist es, sich auf seinen Hund mit dessen spezifischen Eigenschaften einzustellen und seine Ziele am Leistungsvermögen des Hundes auszurichten, damit das Agility auch Spiel und Spaß bleibt.

Anforderungen an den Hundeführer

Eine der wichtigsten Eigenschaften des Hundeführers ist unendliche Geduld gegenüber dem Hund. Man muss sich vor Beginn des Trainings darüber im Klaren sein, dass Fortschritte in der Ausbildung des Hundes sich nicht übers Knie brechen lassen. Häufig sind die Erfolge nur langsam und in kleinen Einzelschritten erkennbar.

Der Hundeführer muss mit seinem Hund spielen und jede erfolgreiche Aktion mit überschwänglichem Lob anerkennen können, um ihn in der entsprechenden Handlung zu bestärken. Nur positive Erfahrungen auf dem Übungsplatz erhalten den Arbeitswillen und die Arbeitsfreude des Hundes. Diese Voraussetzungen beim Hund entwickeln sich durch eine gute Bindung an den Menschen. Diese Bindung muss sich der Hundeführer durch Interesse an seinem Hund erarbeiten. Hierzu gehören die tägliche Körperpflege, das Füttern, der gemeinsame Spaziergang, die hundgerechte Erziehung und vor allem das gemeinsame, ehrliche Spiel.

Ehrliches Spiel bedeutet, dass man nicht bequem im Gartenstuhl sitzt und stundenlang den Ball wirft. Ehrliches Spiel findet als Interaktion mit dem Hund statt, ist Spannung und Spaß. Während des Spiels kann der Hundeführer seine Beobachtungsgabe trainieren. Er sollte erkennen, wann der Hund sich auf ein Spiel nicht mehr konzentrieren kann. Die Konzentration lässt nach, wenn sich der Hund leicht ablenken lässt, zu übermütig wird oder sich entzieht. Im spannendsten Augenblick sollte man mit dem Spiel aufhören. Denn die Spannung erhalten bedeutet in jedem Fall, Aufmerksamkeit wieder hervorrufen zu können.

Altersbedingte und körperliche Voraussetzungen des Hundeführers bestimmen die Führweise des Hundes. Ein junger athletischer Mensch kann seinen Hund durch schnelles Laufen führen. Der unbeweglichere Hundeführer muss diesen Nachteil durch ein geschicktes Stellungsspiel kompensieren und kann so seinen Hund genauso sicher und schnell ins Ziel bringen.

Agility ist ein Sport auf der grünen Wiese, der bei jeder Witterung stattfindet. Der Hundeführer muss bereit sein, sich jedem Wetter anzupassen. Geeignete Kleidung mit rutschfesten Schuhen, Kappe oder Mütze und genügend Taschen für das Motivationsmaterial sind Voraussetzung für erfolgreiches Arbeiten. Der Aufbau der Geräte muss von den Hundeführern übernommen werden, darum muss die Kleidung nicht modisch, aber robust sein.

Auf ein abwechslungsreiches Agility-Training freut sich das Team Hund und Hundeführer schon die ganze Woche. Dieser Spaß fördert den Erfolg beim Training. Sollten Stress und Ärger vom Tage diesen Spaß trüben, ist ein kurzer Spaziergang vor dem Training zur Entspannung sinnvoll. Der vierbeinige Partner an unserer Seite spürt die Verstimmung, auch wenn sie nicht ihm gilt. Er kann sie nicht deuten und verhält sich anders als gewohnt. Falls der Ärger so groß ist, dass er auf die Arbeit mit dem Hund Auswirkungen hat, sollte man besser auf eine Trainingseinheit verzichten. Mit dem Trainer abgesprochen kann das Zuschauen entspannend und lehrreich sein.

Eine weitere Anforderung an den Hundeführer ist die Konzentrationsfähigkeit. Sich unter der Anspannung eines Turniers zu konzentrieren ist für viele Sportler ein Problem. Während des Wettbewerbes muss man sich auf mehrere Dinge gleichzeitig konzentrieren. Man muss den Parcoursverlauf, die Bewegungsabläufe des Hundes und natürlich auch die eigene Stellung zum Hund und zu den Geräten gleichzeitig kontrollieren und optimieren. Außerdem muss die Körpersprache für den Hund eindeutig sein. Dies ist ein sehr wichtiger Punkt, der später noch behandelt werden soll. Einige dieser Anforderungen wie z. B. die Beobachtungs-

Mit der Motivation der Hundeführerin wird der Mittelspitz über das Laufdiel geführt.

gabe sollten perfektioniert werden, da sie über das Gelingen von Aufgaben nicht nur im Agility entscheiden. Manchmal sollten sie für den Hundesport nur ins Bewusstsein gerufen werden, um den erwünschten Erfolg zu erlangen. Gegebenenfalls können sie auch bei der Analyse von zeitweiligen Misserfolgen notwendig sein.

Berücksichtigung natürlicher Veranlagungen

Das Sehen des Hundes

Da der Hund im Agility nicht seiner viel besseren Nase folgen kann, sondern über Körpersprache und Gehör geführt wird, ist es sinnvoll, sich mit den Sinnesorganen des Hundes, die diese Informationen aufnehmen, ein wenig zu befassen. Allerdings soll das Auge nicht nach medizinischen Gesichtspunkten analysiert werden, sondern das Sehen im Hinblick auf die Arbeit im Parcours.

Aufgrund der Anatomie des Auges wird nicht die ganze Umwelt zur gleichen Zeit gesehen, sondern immer nur ein Ausschnitt. Dieser Ausschnitt ist das Gesichtsfeld. Im Vergleich zum Menschen hat der Hund einen wesentlich größeren Blickwinkel, der von der Lage der Augen im Kopf abhängig ist. Beim Menschen sind beide Augen nach vorne gerichtet und das Blickfeld beider

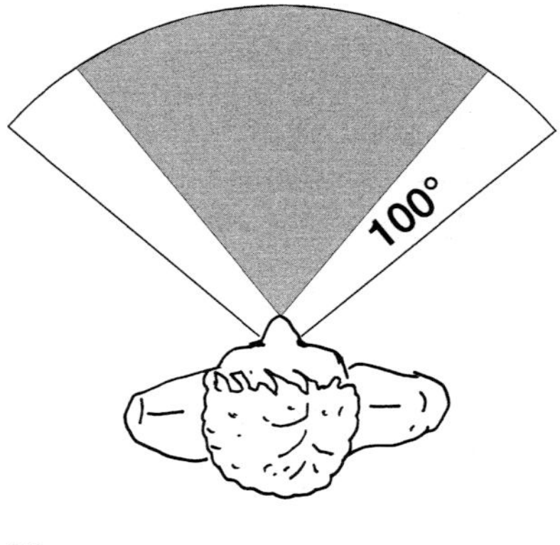

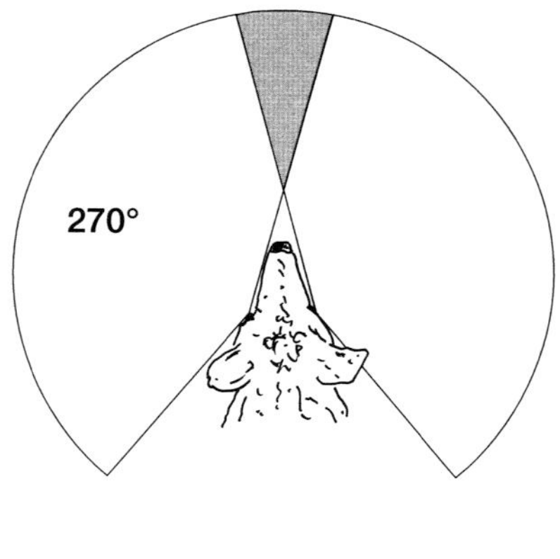

Augen überschneidet sich fast vollständig. Der Blickwinkel beider Augen beträgt beim Menschen etwa 130 Grad. Beim Hund ist diese Überschneidung durch die seitliche Lage der Augen im Kopf eher gering. Dafür ist das Blickfeld zur Seite und nach hinten deutlich größer. Der Blickwinkel des Hundes beträgt zwischen 220 und 270 Grad. Diese etwas ungenaue Angabe ergibt sich durch die unterschiedliche Länge der Schnauzen bzw. der Kopfform bei den verschiedenen Rassen. Die Überschneidung des Blickfeldes ist nämlich abhängig von der jeweiligen Kopfform und der dadurch unterschiedlichen Augenstellung der verschiedenen Hunde.

Diese, im Vergleich zum Menschen, geringe Überschneidung des Sehfeldes ist ausschlaggebend für Unterschiede im räumlichen Sehen und der Sehschärfe. Dieser Mangel des scharfen und gegenständlichen Sehens wird zum Teil ausgeglichen durch die bessere Wahrnehmung von Bewegungen. Dies können Bewegungen von Personen oder Gegenstände sein oder Bewegungen, die dadurch hervorgerufen werden, dass der Hund sich selbst auf die Gegenstände zu bewegt.

Dieses Bewegungssehen ist abhängig von den Lichtreizen, welche das Auge aufnimmt. Im Auge gibt es zwei Arten von Zellen, die Licht wahrnehmen können. Zum einen sind dies die Zapfen und zum anderen die Stäbchen. Die Stäbchen reagieren empfindlicher auf Licht als die farbtüchtigen Zapfen, können aber nur Schwarz und Weiß wahrnehmen.

Das Auge des Hundes besitzt weitaus mehr Stäbchen als das Auge des Menschen. Außerdem befindet sich im Auge des Hundes noch eine zusätzliche, lichtreflektierende Schicht im Augenhintergrund, das so genannten Tapetum lucidum. Diese verstärkt die Lichtempfindlichkeit des Auges deutlich.

Das größere Sichtfeld und auch das bessere Sehen von Bewegungen erklärt manches Verhalten im Parcours. Am Beispiel einer Hürdenkombination, die als lange Gerade aufgestellt wurde, kann man unschwer feststellen, dass der Blickwinkel nach hinten vergrößert ist. Lässt man den Hund nur mit dem Startkommando laufen und begleitet ihn zunächst ein Stück, wird der Hund anfangs ohne weiteres verbales Kommando nach vorne arbeiten. Wenn der Hundeführer dann zurückbleibt, wird der Hund, solange der Hundeführer für ihn noch zu sehen ist, weiterlaufen, um sich danach umzusehen und auf weitere Anweisungen warten. Dieses Umsehen bringt den Hund aus seinem Laufrhythmus und kann dadurch zu Fehlern führen.

Oft gibt es Diskussionen um Verweigerungen, bei denen der Hundeführer vermeintlich richtig geführt hat. Hier ist oft das von uns nicht beachtete größere Sehfeld der Grund. Schickt der Hundeführer den Hund mit einem Kommando über ein Hindernis und dreht sich dann schon zum nächsten Gerät, ignoriert der Hund normalerweise das verbale Kommando. Er folgt, weil es mehr seiner Natur entspricht, der Körpersprache. Er hatte die Bewegung noch im Blickfeld und aufgrund dieser Tatsache sofort reagiert.

Im Training ist oft zu beobachten, wie viele Schwierigkeiten gerade Anfängerhunde beim Einfädeln in den Slalom haben. Durch die Schwierigkeiten beim gegenständlichen Sehen wird vermutlich das Gerät, welches aus relativ dünnen Stangen besteht, nicht sofort erkannt, insbesondere wenn eine dunklere Stange am Slalombeginn steht. Erst wenn der Hundeführer sich mit ihm darauf zu bewegt, kann er den Gegenstand erkennen. Sitzt er zu nahe am Gerät oder wird er zu kurz vor dem Gerät wieder neu angesetzt, hat er keine Möglichkeit, die Stangen richtig zu erkennen.

Das gute Sehen von Bewegungen fordert vom Hundeführer eine konsequente Kontrolle der eigenen Gestik im Parcours. Jede unkontrollierte Handbewegung, jedes Wenden des Kopfes oder falsches Setzen der Füße – dieses vor allem bei kleinen Hunden – wird sehr leicht, gerade bei schnellen Bewegungen, wahrgenommen und führt häufig zu Fehlern im Parcours.

Nach einem Wettbewerb, in dem ich disqualifiziert wurde, habe ich mir einige Male die Videoaufnahmen ansehen müssen, um zu erkennen, wie es zu diesem Ergebnis kommen konnte. Zunächst schien es, als hätte ich keinen Fehler gemacht und dies einer der seltenen Fälle sei, bei dem der Hund einen Fehler gemacht hatte. Nachdem wir das Band dann nochmals in Zeitlupe laufen ließen, konnte man eine Handbewegung sehen, die beim Laufen zur Balance unseres Körpers dient, für den Hund aber das Signal war, das falsche Gerät zu nehmen. Er hatte diese von mir nicht beachtete Bewegung gesehen und darauf richtig reagiert.

Wo geht's weiter? Hier kommt die Führerhilfe nicht frühzeitig genug.

Das Hören des Hundes

Das Ohr ist das Hörorgan des Hundes. Von der äußeren Gestaltung und von der Lage am Kopf unterscheidet es sich sehr zu dem des Menschen. Verschiedene Größen und Formen entstanden durch die verschiedenen Züchtungen. Es gibt vom Steh- über Kipp- bis hin zum langen Schlappohr alle Varianten. Die nicht domestizierten Hunde haben Steh- oder Kippohren. Diese ermöglichen ein besseres Auffangen des Schalls als Ohren, die mit großen Lappen verdeckt sind und nicht aufgestellt werden können.

Das innere Ohr verarbeitet über die dazugehörenden Nervenbahnen die Schallwellen. Mit seinen hochempfindlichen Ohren kann der Hund Schwingungen auffangen, die vom Menschen nicht mehr wahrgenommen werden. Kinder können Töne mit einer Frequenz bis etwa 20 Kilohertz (kHz) hören. Bei Erwachsenen liegt die Grenze schon deutlich tiefer. Hunde können noch Töne bis zu einer Frequenz von 100 kHz aufnehmen und charakterisieren. Je höher der Ton ist, desto empfindlicher reagiert der Hund.

Durch die Fähigkeit, seine Ohrmuscheln einzeln und unabhängig voneinander zu bewegen, kann der Hund eines oder auch beide Ohren direkt auf eine Geräuschquelle ausrichten. So kann er wie mit einer Antenne die Herkunft dieser Schwingungen orten. Diese Fähigkeit ist uns auch im Alltag nützlich, wenn sich der Hund beim Spaziergang frei bewegen darf. Er ortet über sein Gehör, in welche Richtung wir unseren Weg fortgesetzt haben.

Im Agility ist diese Fähigkeit wichtig, wenn der Hundeführer Richtungsänderungen außerhalb des Gesichtsfeldes des Hundes einleitet. Wichtige Beispiele sind hier Seitenwechsel, während der Hund die Röhre oder den Stofftunnel durchläuft. So kann der Hund sich schon neu orientieren, auch wenn der Hundeführer für ihn nicht sichtbar ist. Kommandos können für unseren Hund ruhig und leise gesprochen werden. Man sollte darauf achten, dass der Klang der Kommandos nicht in den Umgebungsgeräuschen untergeht.

Häufig werden die Befehle von den Hundeführern in überzogener Lautstärke gegeben. Für mich ist dieses Verhalten meistens nur ein Ventil für die eigene Anspannung. Kommandos, die im niederen Frequenzbereich, fast knurrend gegeben werden, klingen für den Hund meistens drohend, während hochfrequente Befehle von ihnen eher als Aufmunterung gedeutet werden.

Individueller Arbeitsabstand

Der Individualabstand ist ein Kriterium zur Beurteilung des sozialen Gefüges im Rudel. Bei Wildtieren dient er im sozialen Verband dem Erhalt der eigenen Position sowie dem Schutz vor Feinden. Dringt ein anderes Lebewesen in diesen Bereich ein, wird das Tier unsicher. Diese Unsicherheit kann je nach Trieblage des Individuums zu Fluchtverhalten führen oder Aggressivität auslösen. Im Wildrudel kommt es bei Eindringen in diese Zone, außer in der entspannten Situation des Spiels oder im Paarungsverhalten, meistens zu Rangkämpfen. Liegt der Rudelführer zum Ruhen etwas abseits auf einem erhöhten Platz, darf ihm keines der anderen Tiere zu nahe kommen. Steht er auf, haben ihm alle anderen auszuweichen und in einem ihm gebührenden Abstand, der Individualdistanz, zu folgen. Jedes Tier hat in der Folge der Rangordnung zum anderen den entsprechenden Abstand zu halten, damit das Gemeinschaftsgefüge des Rudels gesichert ist und genügend Schutz bietet.

Diese Distanz spielt auch in der Mensch-Hund-Beziehung eine Rolle. Der eine Hund hält sich gerne in der sicheren Nähe seines Führers auf, weil seine Individualdistanz eher gering ist und der Hundeführer ein sensibler, dem Hund angenehmer Begleiter ist. Der andere Hund hält sich lieber in einer etwas größeren Entfernung zu seinem Hundeführer auf, weil er ein selbstsicherer Hund ist und sein Hundeführer durch eine starke Persönlichkeit ihm zusätzlich Sicherheit gibt. Es ist nicht Beziehungslosigkeit, die diese Distanz herstellt, sondern die Individualität des Hundes und des Menschen in der Beziehung zueinander. Die Abstände variieren mit der Unterschiedlichkeit der Individuen. Respektieren wir einander diese Zone, gestaltet sich der Alltag harmonisch und stressfrei für beide Seiten.

Dieses Distanzverhalten können wir auch bei erfolgreichen Agility-Teams beobachten. Durch geschicktes Führen wird der richtige Abstand zum Hund immer wieder hergestellt. Weicht der Hundeführer zurück, wird die Distanz größer. Der Hund ist verun-

Der vorbildliche Führhandwechsel und die eindeutige Körpersprache helfen dem Hund beim Richtungswechsel im Parcours.

sichert und versucht, durch Herankommen den ihm angenehmen Abstand wieder herzustellen. Bewegt sich der Hundeführer auf den Hund zu, weicht dieser aus, bis der für ihn ideale Abstand wieder hergestellt ist.

Im Parcours führen Unter- oder Überschreitungen dieses Bereichs zu Verweigerungen, unsicherem Arbeiten an den Kontaktzonen oder zu Stangenabwürfen. Fühlt sich der Hund im Gefüge seiner Beziehung nicht wohl, kann er nicht optimal arbeiten. Könnte man den Abstand zueinander, wie bei den Schienen der Eisenbahn, auf einer gleichbleibenden Distanz halten, wäre der Idealzustand erreicht.

Durch die unterschiedlichen Charaktere der Teams entstehen die verschiedenen Führweisen. Ein Team arbeitet, indem der Hundeführer mit seinem Hund den Parcours auf fast gleicher Höhe durchläuft. Der Distanzbereich ist verhältnismäßig gering. Ein anderer Hundeführer führt seinen Hund relativ frei und unterstützt ihn nur besonders an kritischen Parcourspassagen, während ein

Dritter mit der so genannten Freestyle-Methode arbeitet. Bei der letzten Methode ist der Hundeführer meistens relativ weit von seinem Hund entfernt. In eng gestalteten, technischen Parcours kann diese Führweise Schwierigkeiten verursachen, da eine präzise Hilfe meistens nicht möglich ist. Sehr schnell ist der Hund auf dem falschen Weg. Bei weit gesteckten Parcours bringt dieser Stil natürlich Vorteile, da der Hund wesentlich schneller ist.

Durch Training kann dieser individuelle Abstand bedingt verändert werden. Im Kapitel „Arbeiten auf dem Spaziergang" habe ich das Wegschicken beschrieben. Hier wird bewusst durch richtige Motivation diese Distanz vergrößert. Genauso kann der Hund an den Hundeführer herangeholt werden. Außerhalb seiner Individualdistanz muss ihm das Gefühl von absoluter Sicherheit und Vertrauen vermittelt werden.

Richtungskorrekturen im unpassenden Moment führen häufig zu Fehlern, da die Aufmerksamkeit des Hundes abgelenkt wird.

Triebförderung, Motivation und Motivationshilfen

Um das harmonische Zusammenspiel zwischen Mensch und Hund, wie es im Agility immer wieder beobachtet werden kann, zu erreichen, ist viel Geduld und Zeit nötig.

Diese Harmonie entwickelt sich meistens durch gemeinsames Spiel und gemeinsame Aktivitäten. Erst hierdurch wächst die Verständigung zwischen den ungleichen Partnern Hundeführer und Hund. Um diese Verständigung zu erreichen, müssen die Bedürfnisse des Hundes beachtet werden: das Verlangen nach Geborgenheit im Rudel (der **Meutetrieb**), nach Futter (der **Fresstrieb**) sowie das Bedürfnis zu spielen und Beute zu fangen (der **Beutetrieb**).

Über diese angeborenen Bedürfnisse ist der Hund am leichtesten zu motivieren. Motivation ist der Antriebsgrund des Hundes, etwas mit und für uns zu tun, um seine Ziele zu erreichen; Ziele wie Zuwendung, Futter, Spiel, Beute und alles, was für ihn angenehm und wichtig ist.

Durch richtig eingesetzte Motivation

- arbeitet der Hund freudiger, weil er für seine Arbeit bestätigt wird.
- können Übungen mehrmals ausgeführt werden, weil der Hund die Lust nicht verliert.
- wird die Konzentration gestärkt, weil der Hund sich nicht so leicht von äußeren Bedingungen ablenken lässt.
- wird der Hund zu fast jeder Zeit zur Arbeit bereit sein, weil er weiß, dass er bestätigt wird.
- wird der Hund schneller, weil er sein Ziel, die Trieberfüllung, möglichst schnell erreichen möchte.
- arbeitet der Hund freudig, es macht seinem Partner mehr Spaß, es entwickelt sich ein Team.
- werden Höchstleistungen erbracht, weil die Harmonie im Team stimmt und beide ihr Ziel erreichen.

Die Art der Motivation hängt im Wesentlichen von der jeweiligen Triebstärke des Hundes ab. Triebstärke und Bedürfnisse können verstärkt oder umkonditioniert werden.

Welche Triebe und Bedürfnisse sollten sinnvoll für Agility verstärkt werden? Es eignen sich hervorragend der **Spieltrieb** und der **Beutetrieb**. Wild, die eigentliche Beute der Urahnen des Hundes, wird durch die Beute Spielzeug ersetzt.

Der Fresstrieb wird eingesetzt, um Hunde an eine Stelle oder eine Person zu binden. Beim Agility ist dies vor allem an den Kontaktzonen. Der Hund muss anhalten, um Futter aufzunehmen, sei es aus der Hand des Hundeführers oder vom Gerät. Der Fresstrieb ist ein Überlebenstrieb und latent immer vorhanden. Wird er zur Ausbildung genutzt, ist darauf zu achten, dass durch die letzte Fütterung der Trieb nicht befriedigt wurde.

Ein Trieb kann nur genutzt werden, wenn das Bedürfnis nach Befriedigung vorhanden ist. Der Fresstrieb ist nicht nur durch das Füttern nach dem Training zu stärken, sondern auch dadurch, dass das Futter als Belohnung etwas Besonderes ist. Gut riechende Leckerchen werden zunächst in der Hand versteckt und dem Hund vor die Nase gehalten. Sie werden ihm aber nicht gleich gegeben. So wird das Verlangen geweckt.

Bedrängt der Hund die Hand sehr stark, wird zunächst mit der Stimme gelobt, um dann dem Drängen nachzugeben. Der Hund lernt zu fordern. Die Anerkennung eines gewünschten Verhaltens über die Stimme ist sehr wichtig. Der Hund verbindet Stimme und Leckerchen als Einheit. Das ermöglicht dem Hundeführer nach einigen Trainingseinheiten zwischendurch auch ohne Leckerchen zu motivieren, denn der Hund soll ja nicht über die Belohnung dick gefüttert werden.

Nach einigen Versuchen über den Tag verteilt oder auch erst nach mehreren Tagen, wenn der Trieb gut entwickelt ist, beginnt die Kontrolle über dieses Fordern. Bevor der Hund sein Leckerchen bekommt, wird von ihm eine leichte Aufgabe verlangt, z. B. dass er sich setzen soll. Hat er die Aufgabe erfüllt, wird seinem Fordern sofort nachgeben. Die Situation wird umgekehrt. Der Hund hat gelernt, sein Leckerchen zu fordern. Der Hundeführer nutzt dieses, um jetzt seine Forderungen an den Hund zu stellen. Erst wenn der Hund die ihm gestellte Aufgabe erfüllt hat, wird seiner Forderung nachgegeben und er bekommt seine Belohnung. Richtig angewendet wird der Hund freudig seine Aufgabe und auch Aufgabenketten ausführen.

Der kleine Briard erwartet seine Belohnung, nachdem er die Röhre durchlaufen hat.

Da beim Agility der Hund nur bedingt eng mit dem Hundeführer arbeiten soll, ist der Spiel- oder Beutetrieb so weit wie möglich zu fördern. Im Spiel kann der Hund motiviert werden, sich vom Hundeführer weiter zu entfernen, trotzdem aber kontrollierbar zu bleiben.

Zum Spielen werden Gegenstände wie Ball, Ball mit Schnur, Beißwurst, alte Socken, Handschuhe und Ähnliches eingesetzt. Beobachtet man Wölfe oder Wildhunde, ist Spiel immer auch Bewegung. Sei es das Nachlaufen, Fangen, Greifen, Sich-Ducken, Springen oder spielerisches Raufen. Diese Lust an der Bewegung wird im Agility genutzt und es ist eine der wichtigsten Aufgaben des Hundeführers, seinem Hund diese Freude am Agility zu vermitteln, will er mit seinem Hund erfolgreich sein.

Zuerst sollte der Hund gefallen an einem Beutespielzeug haben. Welpen haben zunächst an allem Spaß, vor allem an Dingen, die sich bewegen. Beutespiele lernen sie meist schon untereinander mit den Geschwistern beim Kampf um ein Stöckchen. Es kann durch Spielzeug oder alte Lumpen etc. verstärkt werden. Ein Spielzeug wird über den Boden gerollt oder gezogen. Der Hund läuft hinterher und fängt sich das Spielzeug. Schon hat er gewonnen. Oft duckt sich der Hund dann in Spielhaltung und fordert seinerseits zum Spiel auf. Ein lustiges Jagen kann beginnen.

Aus Erziehungsgründen sollte man sich nur bedingt auf dieses Spiel einlassen. Wer möchte hinter seinem Hund herlaufen, wenn er diesen gerufen hat? Dieses Spiel wird umgekehrt. Das Spielzeug bekommt eine Schnur. Daran wird es festgehalten. Das Spielzeug wird wieder bewegt. Der Hund zeigt Interesse und fängt das Spielzeug. Er kann nicht mehr mit dem Spielzeug davonlaufen. Am anderen Ende halten wir dagegen. Er wird daran ziehen, um es zu erbeuten, je nach Temperament mehr oder weniger heftig. Es wird ihm Spaß machen und wir loben ihn. Bevor er es von sich aus los lässt, sollte er gewinnen und man überlässt ihm das Spielzeug. Dieses Spiel wird weiter entwickelt, indem es schwerer wird, das Spielzeug zu bekommen. Wir laufen damit weg, es wird hinter einem Bein versteckt, es hüpft über den Boden, es bleibt immer in Bewegung, bis er es schnappen darf. Das Erbeuten wird mit Körpereinsatz heftiger abgewehrt. Sich mit dem Hund auch mal auf dem Boden zu wälzen, das Spielzeug unter dem Körper zu

Diesem temperamentvollen Sheltie macht der Slalom ganz offensichtlich Spaß.

verstecken und den Hund suchen zu lassen, lässt das Vertrauen zwischen Mensch und Hund wachsen. Zum Schluss bekommt der Hund die Beute.

Der Hund sollte nicht müde gespielt werden. Er sollte sich zum Spiel wieder anbieten. Hat er noch Spaß am Spiel, versucht er uns das Spielzeug zu bringen. So kann spielerisch das Abgeben geübt werden. Er wird lernen, dass nicht weitergespielt werden kann, wenn er das Spielzeug behält. Hält er es fest, wird er ignoriert.

Schnell orientiert sich der Soft Coated Wheaten Terrier nach dem Verlassen der Röhre, um das nächste Hindernis anzusteuern.

Wird es langweilig, lässt er es los. Danach beginnt das Spiel aufs Neue. Die größere Geduld muss der Hundeführer haben. Lernt der Hund diese Art von Spiel mit seinem Hundeführer, sollte es zunächst ohne Ablenkung durch andere Hunde oder Familienmitglieder geschehen. Der Hund sollte sich ganz auf den Spielpartner und das Spielzeug konzentrieren können.

Vielen Hunden macht es einfach Freude, hinter einem Ball herzulaufen, ihn zu fangen und sich selbst damit zu beschäftigen. Hier kann sich der Hundeführer mit ins Spiel einbringen, wenn ein zweiter Ball vorhanden ist, mit dem er sich ganz intensiv beschäftigt. Hunde sind neugierig. Ihre Neugierde wird sie veranlassen, ihr Spiel zu unterbrechen und sich für die Dinge des Partners zu interessieren. So aufeinander eingestellt können die Teams die zu erfüllenden Aufgaben meistern.

Aus diesem Spiel heraus werden dem Hund, ähnlich wie oben beschrieben, Aufgaben gestellt. Der Hund wird zum Spiel motiviert, das Spiel beginnt aber erst, wenn der Hund diese Aufgabe erfüllt hat und zum Beispiel durch die Röhre gelaufen ist.

Es ist darauf zu achten, dass der Hund nicht in den Konflikt gerät, entweder den Anforderungen des Hundeführers zu folgen oder den Trieb zu befriedigen. Dieser Konflikt kann entstehen, wenn der Hundeführer dem Hund mit dem Ball oder Leckerchen in der Hand zeigt, dass er durch die Röhre laufen soll, die Hand mit der Motivation aber wieder zurückzieht. Ein Hund, der gelernt hat, dem Ball zu folgen, wird der Hand mit dem Ball folgen und nicht durch den Tunnel laufen. Er ist auf seine Beute fixiert und wird sie nicht aus den Augen lassen. Besser ist es, das Motivationsmittel ans Ende der Röhre zu legen oder im fortgeschrittenen Training den Ball erst ins Spiel zu bringen bzw. aus der Tasche zu ziehen, wenn der Hund seine Aufgabe gelöst hat. So kann das Training Schritt für Schritt mit entsprechender Motivation aufgebaut werden.

Die Motivation sollte immer interessant bleiben. Es kann auch zwischen verschiedenen Möglichkeiten der Motivation gewechselt werden, je nach Interessenlage des Hundes. Gespräche mit dem Trainer oder anderen Beobachtern sollten erst dann erfolgen, wenn der Hund nach der Erfüllung einer Aufgabe seine Bestätigung bekommen hat. Zur Verknüpfung richtigen Verhaltens mit der Belohnung bleiben nur wenige Sekunden. Schnelle Reaktionen vom Hundeführer sind erforderlich. Bei Fehlverhalten oder nicht korrekter Erfüllung der Aufgabe wird dem Hund die Bestätigung verweigert. Er wird nicht getadelt, sein Fehler wird einfach ignoriert und ein neuer Versuch gestartet.

Es ist schön, auf diese Art mit einem Hund zu arbeiten, wenn es gelingt, über Motivation Aufgabenstellungen zu erarbeiten und mit Erfolg abzuschließen. Aus dieser Art zu spielen entwickelt der Hund auch selbstständig die Möglichkeit, seine Fähigkeiten dem Partner zu präsentieren. Es gibt aber auch Hunde, deren Triebe von Natur aus schon sehr stark ausgeprägt sind. Diese vorhandenen Triebe in richtige, kontrollierbare Bahnen zu lenken, kann weitaus schwieriger sein.

Ein Hund, der einen Ball nur sieht und an nichts anderes mehr denken kann, als hinterher zu laufen, ist nicht fähig, in diesem Moment eine Aufgabe zu lösen. In diesem Fall ist es nicht sinn-

Schöne enge Bögen um die Slalomstangen zeigt Ben, der Australian Shepherd.

voll, den Beute- oder Spieltrieb weiter zu stärken. Motivation muss hier behutsam eingesetzt werden. Beruhigende Bestätigungen über Futter, Streicheln oder Massagen können angewendet werden. Diese Hunde benötigen eine wesentlich größere Portion Konsequenz und der Hundeführer noch mehr Geduld. Kleinere Übungseinheiten mit größeren Pausen sind ratsam, damit die Entwicklung der Eigenmotivation nicht gestärkt wird.

Eigenmotivation bedeutet für den Hund, durch Aktivität belohnt zu werden. Da diese Hunde meistens auch über eine gute Kondition verfügen, ist es sinnvoll, wenn der Hund vor dem Training genügend Auslauf hatte, damit sein Bewegungspotenzial schon etwas reduziert wurde.

Bei manchen Hunden entwickelt sich der Parcours selbst schon zur Motivation. Sie sehen einige Geräte und möchten gleich losstürmen. Solche Freude ist wünschenswert, wenn der Hund kontrollierbar bleibt. Meistens sind diese Hunde aber trotzdem führig und dann auch enorm schnell.

Kann man Hunde, die diese Motivation entwickelt haben, schwer kontrollieren, hilft hier aber nur absolute Konsequenz. Die Hunde haben ein Gerät nur dann zu nehmen, wenn es angezeigt wurde. Den Hund an die Leine zu nehmen, um ihn im richtigen Moment zu bremsen, kann hier eine gute Wirkung zeigen. Vor dem Training mit dem Hund konsequente Unterordnungsübungen durchzuführen, ist in solchen Fällen nicht schädlich. Diese Hunde müssen wissen, dass es nur gemeinsam durch den Parcours geht. Jedes selbstständige Auswählen der Geräte wird unterbunden.

Kritisch ist es, Hunde in der Nähe von Geräten miteinander spielen zu lassen. Dies geschieht manchmal nach dem Training zur Belohnung. Ich halte dieses Vorgehen für nicht unproblematisch, da die Hunde die Geräte im Spiel nehmen, ohne auf ihren Hundeführer zu achten. Die Hunde lernen daraus sehr schnell, dass der Parcours ein freier Spielplatz ohne Regeln ist.

Der Agility-Parcours ist ein Spielplatz, der immer neue Anforderungen an die Spieler stellt, sie zum Spiel animiert, aber mit festgelegten Regeln und immer nur im Team Mensch-Hund zu bestreiten ist. Agility ist kontrolliertes Spiel.

3 Praktisches Training mit dem Hund

Das Training der Geräte und im Parcours wird immer durch das gültige Reglement bestimmt (siehe Anhang). Hier sind die Abmessungen der Geräte, der Kontaktzonen, der Abstände der Geräte zueinander und insbesondere die Fehlermöglichkeiten festgelegt. Bevor mit dem Training begonnen wird, sollte man sich also mit diesen Vorgaben beschäftigen. Nicht nur für den Trainer, sondern auch für den Agility-Sportler selbst ist es unerlässlich, zunächst diese Regeln gründlich zu beherrschen.

Der Agility-Parcours besteht aus einfachen, offenen und geschlossenen Sprüngen, dem Reifen, dem Weitsprung und dem Wassergraben, der allerdings sehr selten verwendet wird. Weiterhin aus einer festen Röhre, dem Stofftunnel, dem Slalom und den Kontaktzonengeräten. Hier werden drei Kontaktzonengeräte eingesetzt: Die Schräg- oder A-Wand, das Hochdiel (Brücke) und die Wippe. Außerdem wird ein Tisch im Parcours eingesetzt, auf dem der Hund – je nach Ergebnis einer vorhergehenden Auslosung – in der Grundstellung „Sitz“, „Platz“ oder „Steh“ fünf Sekunden verharren muss.

Hier einige Grundregeln, die jeder Hundeführer vor dem Training auf dem Hundeplatz noch beachten sollte:

- Es muss selbstverständlich sein, dass der Hund nicht vor dem Training gefüttert wurde. Die Gefahr einer Magendrehung ist sonst vorprogrammiert.
- Ebenso selbstverständlich sollte der Hundeführer seinem Hund, bevor der Platz betreten wird, genügend Gelegenheit geben sich zu lösen.
- Bevor man mit dem Hund aktiv wird, sollte man sowohl sich selbst wie auch den Hund vorher aufwärmen und die Muskeln lockern.

Gerätetraining

So sehr es auch reizt, den Anfängerhund über einen Parcours zu schicken – man hat dies ja schließlich bei einigen anderen Hunden schon in Vollendung gesehen – ist es absolut notwendig, den Aufbau schrittweise und vorsichtig durchzuführen. Auch hier haben die Götter vor den Erfolg den Schweiß gesetzt. Geduldige Aufbauarbeit ist unabdingbare Voraussetzung. Eine unangenehme Erfahrung kann dem Hund die Freude am Agility auf Dauer verderben. Ich betrachte es als eine der wesentlichsten Trainingsaufgaben, dem Hund diese Freude am Agility zu vermitteln. Nur ein Hund, der den Sport mit Freude betreibt, kann ein guter Agility-Hund werden.

Bevor die Parcoursarbeit beginnt, ist es unerlässlich, dem Hund an allen Geräten die notwendige Sicherheit zu vermitteln, um die Gefahr der Negativerfahrungen auf ein Minimum zu reduzieren. Sollte der Hund wirklich einmal eine unangenehme Erfahrung beim Training an einem der Geräte machen, ist es wichtig, ihn nicht zu bedauern. Viel sinnvoller ist es, dieses Negativerlebnis möglichst schnell im Spiel vergessen zu lassen und ihm so nach und nach eine ausreichende Sicherheit zu vermitteln. Erst mit der notwendigen Sicherheit an den Geräten ist ein Hund auch in der Lage, diese im Parcours schnell und korrekt zu nehmen.

Der feste Tunnel

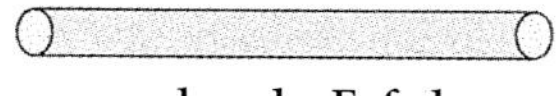

Um Hundeführer und Hund von Anfang an durch Erfolg zu motivieren, beginnt man das Training am sinnvollsten mit dem festen Tunnel. Der feste Tunnel ist eine biegsame, 300 bis 600 cm lange Kunststoffröhre mit einem Durchmesser von 60 cm.

Ziel des Trainings ist es, den Hund möglichst schnell durch den Tunnel laufen zu lassen. Er sollte am Eingang nicht zögern und darf sich im Tunnel nicht länger als nötig aufhalten. Zunächst muss der Hund Vertrauen zu diesem Gerät bekommen. Welpen und junge Hunde sind meistens genügend neugierig und verspielt, um aus eigenem Antrieb dieses Gerät zu erobern. Geht

Der Tunnel ist für die meisten Hunde ein sehr beliebtes Gerät und wird daher gerne als Verleitung eingesetzt.

man mit einer Gruppe Welpen in die Nähe des Tunnels, wird in den meisten Fällen ein selbstbewusstes Tier in die Röhre laufen, um dieses Gerät selbstständig zu erkunden. Das Rudelverhalten führt dann meistens dazu, dass die anderen folgen. Häufig entwickelt sich daraus ein lustiges Jagen durch den Tunnel.

Die Welpen erfahren hierbei die Größe des Gerätes, das Material (über die Pfoten) sowie die Rotation des Tunnels beim Durchlaufen. Welpen, die Betonung liegt hier bei Welpen, stört es nicht, wenn sich die Röhre bewegt. Sollte ein Welpe wenig Interesse zeigen und auch durch Locken nicht den Tunnel durchlaufen, ignoriert man dieses Verhalten. Das Tier ist noch nicht bereit, diese Erfahrung zu machen, da es wahrscheinlich von anderen Dingen noch zu sehr beeindruckt ist.

Ältere Hunde muss man anders an dieses Gerät heranführen. Diese Hunde haben schon einige Erfahrungen gemacht, die sie vorsichtiger an neue Dinge herangehen lassen. Das ist ein Verhalten, welches für das Überleben in der freien Natur notwendig wäre. Hier ist Fingerspitzengefühl gefragt.

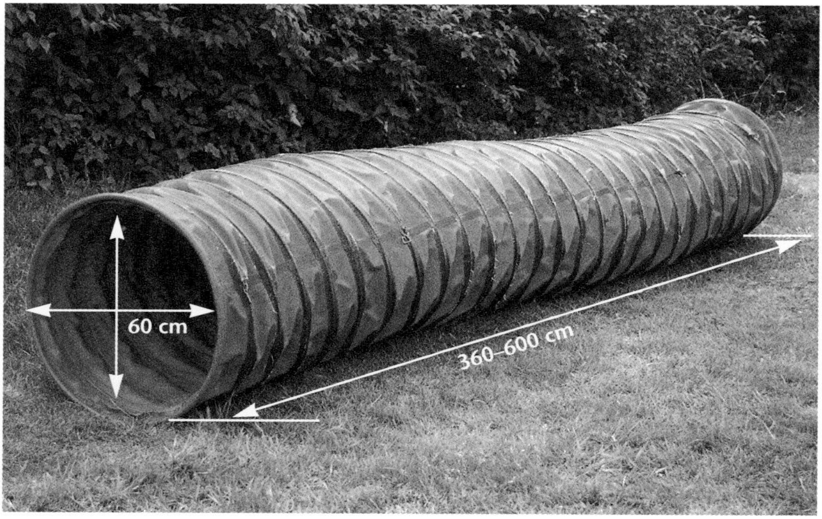

Röhre oder fester Tunnel.

Spieltrieb, Futtertrieb und Meutetrieb sind Anlagen, die sich hervorragend zur Motivation eignen, um den Hund an neue Dinge zu gewöhnen. Benutzt man den **Spieltrieb**, um den Hund durch den Tunnel zu locken, spielt man zunächst mit seinem Lieblingsspielzeug, um es ihm dann zu entziehen. Man legt es am anderen Ende des auf ein Minimum zusammengeschobenen Tunnels ab. Der Hund wird an der Leine zum Eingang des Tunnels geführt. Die Motivationshilfe liegt nun gut sichtbar am anderen Ende der Röhre und der Ausgang ist nicht blockiert. Versucht der Hund nun, zu seinem Spielzeug zu gelangen, führt der Weg nur durch den Tunnel dorthin. Nach Durchlaufen wird am Ausgang ausgiebig mit dem Hund gespielt.

In einer Trainingsreihe kann dieses Vorgehen einige Male wiederholt werden. Man sollte den Hund sehr genau beobachten. Bei Stressanzeichen wie Gähnen, Sich-Kratzen vor der Übung oder ähnlichen Verhaltensweisen sollte nicht weiter geübt werden, um die Freude an diesem Gerät nicht zu verderben.

Bei einer guten Bindung des Hundes zum Hundeführer kann der **Meutetrieb** beim Training eingesetzt werden. Der Hund will unbedingt zu seinem Hundeführer. Dieser bringt den Hund zum Trainer, der ihn an der Leine hält. Der Hundeführer kniet oder hockt sich seitlich neben den Tunnel und schaut hinein. Freudig ruft er den Hund zu sich und lobt ihn ausgiebig, wenn dieser durch den Tunnel zu ihm gekommen ist. Wichtig ist es, darauf zu achten, dass der Ausgang des Tunnels nicht mit dem Körper versperrt wird. Der Hund muss frei hinauslaufen können.

Nutzt man den **Fresstrieb** zum Anlernen des Gerätes, kann man zunächst einige Futterbrocken in den Tunnel werfen. Damit der Hund auch möglichst bald wieder aus der Röhre herauskommt, sollten nicht zu viel Leckerchen verwendet und am Ausgang nochmals mit Futter gelockt werden.

Hat der Hund, gleichgültig welche Methode angewendet wird, Spaß an dem zusammengeschobenen Gerät gefunden, wird der Tunnel Stück für Stück auseinander gezogen. Die Übung wird weiterhin mit entsprechender Motivationshilfe geübt, bis der Tunnel die volle Länge erreicht hat.

Nähert man sich in den nächsten Übungsstunden diesem Gerät, sollte der Hund freudig dort hinlaufen wollen. Aber schon jetzt übernimmt der Hundeführer die Kontrolle, damit der Hund nicht aus eigenem Antrieb in die Röhre läuft.

Man beginnt nun damit, die Aufmerksamkeit des Hundes auf Körpersprache und die verbalen Kommandos des Hundeführers zu lenken. Nur mit dem entsprechenden Kommando darf der Hund das Gerät durchlaufen und wird anschließend kräftig gelobt.

Der Hund versucht, an der Leine geführt die Röhre zu erreichen. Aus einem Bogen von rechts oder links kommend läuft der Hundeführer so an den Eingang des Tunnels, dass der Hund diesen sieht. Zeigt er an, dass er hineinlaufen wird, gibt man den Hund mit einem Kommando frei und läuft an das Ende des Tunnels. Zu Beginn kann dies noch ein Doppelkommando sein wie z. B. „Tunnel durch“. Im Laufe der Zeit genügt dann ein Kommando meistens das „Durch“. Klatschen, Zischen und Rufen des Hundenamens im Lockton begleiten den Spurt. Der Hund nimmt dadurch die Richtung wahr, aus der er den Hundeführer und seine Belohnung am Ausgang zu erwarten hat.

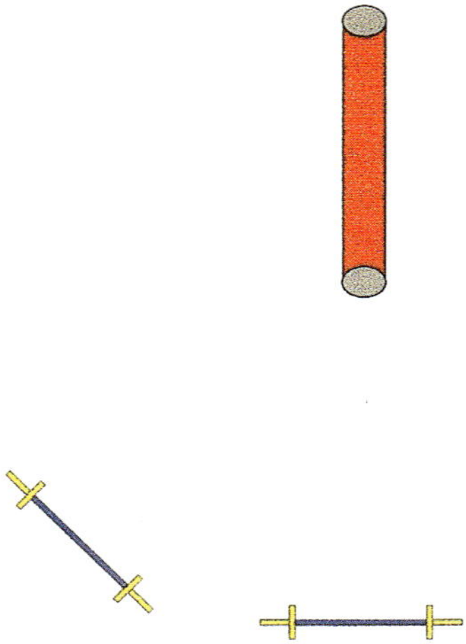

Je nach Position des Hundeführers an den Hürden kann hier das sichere Durchqueren mit Wechseln hinter dem Hund trainiert werden. Der Hundeführer sollte den Hund jeweils von der rechten und linken Seite der Hürden führen.

In weiteren Übungseinheiten werden Seitenwechsel des Hundeführers trainiert. Wird der Hund von der rechten Seite in die Röhre geschickt, wechselt der Hundeführer, wenn der Hund im Tunnel ist, auf die linke Seite. Das Richtungsgeräusch sollte den Hund animieren, am Ende den Hundeführer anzusehen, um später schnell und sicher im Parcours weitergeführt werden zu können.

Durchläuft der Hund schnell und sicher den geraden Tunnel, beginnt man diesen leicht zu krümmen. Zunächst sollte das Tier noch das Ende sehen und schnell durchlaufen können. Es ist wichtig, die Röhre jetzt ordentlich zu befestigen, um ein Verdrehen zu vermeiden. Der Tunnel wird nach und nach soweit gebogen, bis Eingang und Ausgang parallel zueinander liegen. Der Hund sieht dann das Ende nicht mehr. Er sollte aber bis dahin so viel Vertrauen zum Gerät bekommen haben, dass er den Tunnel ohne Schwierigkeiten durchläuft. Bei Richtungskommandos ist es wichtig, die Schwierigkeit zu beachten, dass Eingang und Ausgang

Auch im Alter sind die Hunde noch mit Begeisterung dabei, allerdings sollte man sie beim Springen nicht überfordern.

in die gleiche Richtung weisen. Der Hund könnte zum Eingang wieder herauslaufen. Eindeutige Stellung und Körpersprache des Hundeführers müssen gewährleistet sein. Wird der Hund von der rechten Seite hineingeschickt, läuft der Hundeführer in gerader Linie auf die andere Seite.

Beginnt ein Hund bei einem Trainingsschritt zu zögern, geht man bis zu der Trainingseinheit zurück, die der Hund noch freu-

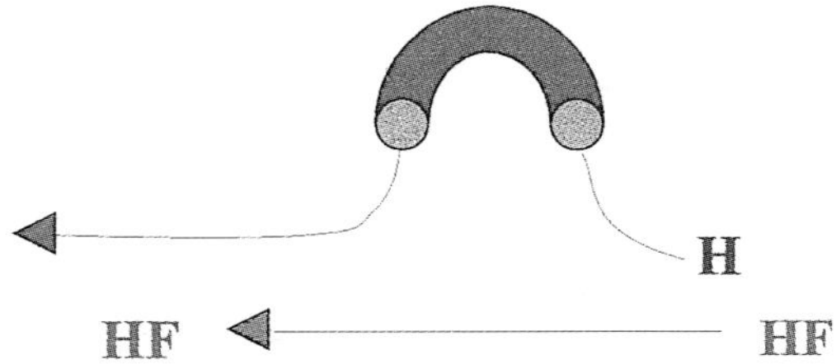

Tunneltraining

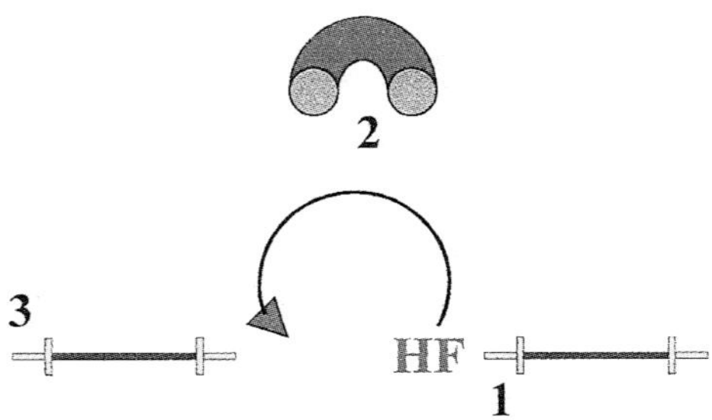

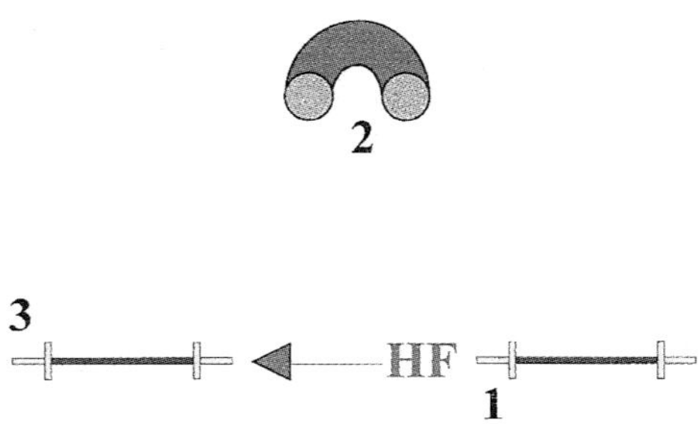

Einfache Übungen mit dem Tunnel

Ziel der ersten Übung ist die Veränderung der Distanz des Hundeführers zum Tunnel. Muss der Hundeführer zunächst mit dem Hund bis fast an den Tunnel heranlaufen, sollte er nach einigem Training den Hund von der Hürde aus in den Tunnel schicken können, wobei er sich selbst nur in Höhe der Sprünge bewegt.

dig durchführte. Hier bestätigt man ihn für sein richtiges Verhalten und lässt es für die nächsten Trainingseinheiten hierbei bewenden. Ungeduld und Druck führen nicht zum Ziel, sondern bewirken in den meisten Fällen das Gegenteil. Auch Tiere müssen Erfahrungen verarbeiten, um Unsicherheiten zu überwinden.

Nach der Pause beginnt man mit der positiven Trainingseinheit und versucht, in noch kleineren Schritten ans Ziel zu gelangen. Es ist wichtig, das Training immer mit einem Erfolg zu beenden. Ist das Trainingsziel zu diesem Zeitpunkt nicht erreicht, werden Übungen ausgeführt, die der Hund mit Sicherheit beherrscht. Es genügt eine Sitzübung oder der gerade gezogene Tunnel. Diese letzte Übung sollte beiden Spaß machen. Abschließend kann je nach Kondition des Hundes noch gespielt werden. Der Hund sollte weder körperlich noch geistig erschöpft den Übungsplatz verlassen. Gerade hier ist es wichtig aufzuhören, wenn es am schönsten ist.

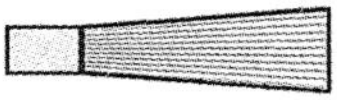

Der Sacktunnel

Im Gegensatz zum festen Tunnel kann der Hund beim **Stoffsacktunnel** nicht das Ende sehen. Er soll in ein dunkles Loch laufen, bei dem er nicht weiß, was ihn erwartet, und dieses noch möglichst schnell ohne jedes Zögern. Der Eingang des Sacktunnels besteht aus einem festen Bogen, dessen Höhe und Breite 60 cm betragen soll, wobei die Länge der festen Eingangsröhre 90 cm misst. Daran schließt sich der Ausgang aus einem weichen Material wie z. B. Segeltuch oder einem weichen Kunststoffmaterial an, dessen Länge 300 bis 350 cm und dessen Durchmesser 60 bis 65 cm betragen soll.

Mit dem Anlernen des Sacktunnels beginnt man in ähnlicher Weise wie bei der Röhre. Auch hier ist es mit Welpen einfacher. Liegen in der Welpengruppe nach der Gewöhnung an die Röhre beide Tunnel nebeneinander, laufen die Welpen meist unbeeindruckt in den Stofftunnel, stutzen kurz und bahnen sich ihren Weg ins Freie. Sie haben genügend Vertrauen im Spiel mit der Röhre gewonnen.

Die langsame Gewöhnung an den Stofftunnel beginnt mit dem Aufrollen des Sackes auf ein Minimum. Es sollte darauf geachtet werden, dass der Hund beim Durchlaufen ein Stück Sack berührt, damit er über die Pfoten mit dem anderen Material vertraut wird. Es wird natürlich, wie bei der Röhre schon beschrieben, mit Motivation gearbeitet. Die beste Motivation für eine gelungene Aktion ist für jeden Hund ausgiebiges, ja überschwängliches Loben. Langsam wird der Stoff auf seine ganze Länge ausgezogen, wobei am Ende der Sack zunächst immer angehoben wird, so dass der Hund hindurchsehen kann.

Je länger der Tunnel wieder abgewickelt wird, desto schwerer wird er. Das Gewicht bekommt der Hund nach und nach auch zu spüren, indem beim Durchlaufen des Sackes dieser schon über den Rücken streift. Ist der Sack ganz ausgerollt und der Hund läuft begeistert hindurch, bekommt er das ganze Gewicht zu spüren, wobei zunächst aber noch der Kopf am Ende herausschaut. Ist er davon unbeeindruckt, lässt man den Stoff vorsichtig los, wenn seine Nasenspitze erscheint. Hat der Hund das notwendige Ver-

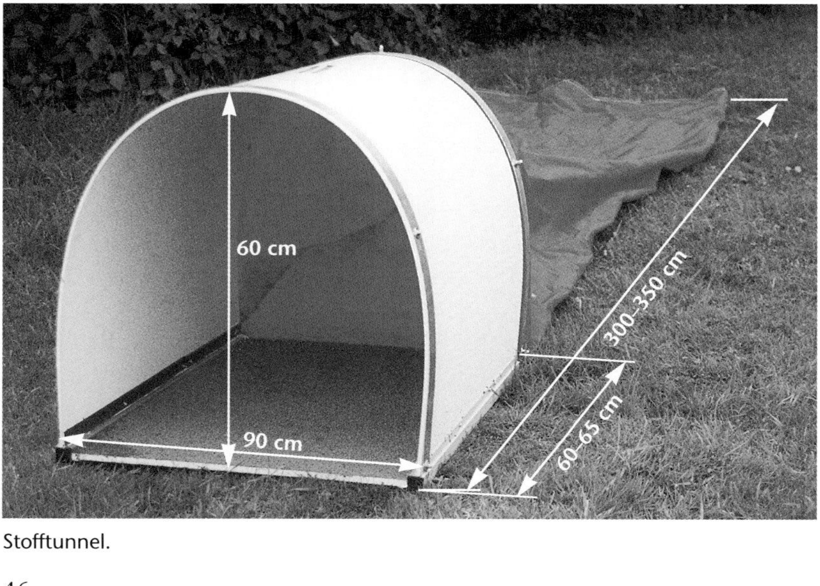

Stofftunnel.

Wie ein Blitz fegt der Border Collie durch den dunklen Stofftunnel.

trauen in dieses Gerät, wird er durch den völlig geschlossenen dunklen Sack gelockt.

Bei diesen Übungen ist es wichtig, den Hund immer gut zu beobachten, um beginnende Unsicherheiten abzufangen. Dieses Gerät erfordert absolutes Vertrauen des Hundes zu seinem Hundeführer. Aus diesem Grunde muss ein sehr vorsichtiger Aufbau erfolgen. Hilfestellungen des Hundeführers durch Hörzeichen müssen unbedingt den Weg geradeaus anzeigen. Der Hund muss immer den Drang nach vorne haben.

Beim Anlernen ist es einfacher, wenn der Hundeführer mit Hilfe des Trainers etwas eher am Ausgang des Sacktunnels sein kann. So kann er über die Stimme den Hund geradeaus dirigieren. Wenn die Nase des Hundes am Ausgang des Stofftunnels erscheint, kann auch das Motivationsspielzeug nach vorne geworfen werden. Hörzeichen oder Richtungskorrekturen dürfen hier auf keinen Fall zu früh erfolgen, damit der Stofftunnel sauber geradeaus durchlaufen wird. Falls eine Richtungsänderung zu früh erfolgt, besteht die

Gefahr, dass der Hund sich im Tunnel verheddert und nicht aus eigener Kraft herauskommen kann.

Gleiches gilt gelegentlich auch für Hunde, die zu ungestüm in den Stoffsack hineinlaufen. Darum ist hier eine entsprechende Vorsicht geboten. In einem solchen Falle soll der Hundeführer den Hund sofort beruhigend mit der Stimme unterstützen und schnellstens dafür sorgen, dass er den Sack ungehindert verlassen kann, um das Tier nicht zu verunsichern. Wenn sich der Hund beruhigt hat, wird er noch einmal mit gemäßigterem Tempo durchgerufen. Hierbei wird der Sack eventuell wieder leicht geöffnet, damit das notwendige Vertrauen in das Gerät nicht verloren geht.

Kontaktzonengeräte

Kontaktzonengeräte sind Geräte, die der Hund möglichst schnell überlaufen muss. Musste er **durch** die Röhre und den Sacktunnel, so muss er hier **über** die Geräte laufen. Am Beginn und am Ende der Kontaktzonengeräte sind farblich abgesetzte Felder, welche der Hund jeweils mit wenigstens einer Pfote eindeutig berühren muss. Diese Regelung dient primär dem Schutz des Hundes. Bei höherer Geschwindigkeit wird der Hund leicht dazu verleitet, auf das Gerät zu stürmen und von hoch oben wieder abzuspringen. Hierbei besteht natürlich eine erhöhte Verletzungsgefahr der Gelenke und Bänder. Aus diesem Grunde sollte der Hund von vornherein daran gewöhnt werden, diese Geräte in zügigem Trab zu überlaufen. Der galoppierende Hund überspringt die Kontaktzonen sehr häufig. Bei großen, langbeinigen Hunden besteht wegen ihrer größeren Schrittlänge schon beim Traben die Gefahr, die Kontaktzonen zu überspringen. Aber auch Hunde der Mini-Klasse beweisen häufig, wie leicht sie von oben abspringen, um mit dem Hundeführer Schritt zu halten.

Beim Training dieser Geräte sollte von Beginn an eine Methode der Kontrolle an den Kontaktzonen gewählt werden, die auch im Wettkampf anwendbar ist. Sie sollte für alle diese Geräte identisch sein. Das verbale Kommando soll in Verbindung mit der Körpersprache den Hund an allen Kontaktzonen soweit bremsen, dass dieser nicht abspringt. Sinnvoll ist ein verbales Kommando, welches sich eindeutig von anderen abhebt. Es können auch hier zunächst wieder Doppelkommandos benutzt werden. Es sollte zunächst die Gerätebezeichnung wie z. B. Wand, Steg oder Wippe genannt werden. Wenn das Gerät erreicht ist, bremst man mit „langsam“ oder „Stopp“ den Hund ab. Ich verwende das Kommando „touchér“ (franz. = berühren), wobei die erste Silbe knurrend gesprochen werden kann, während die zweite Silbe freundlich und lockend klingen soll.

Gerade beim Training der Kontaktzonengeräte gibt es eine Fülle verschiedener Möglichkeiten. Den Königsweg gibt es leider nicht, da sich die Arbeit mit jedem Hund beziehungsweise Hundeführer aufgrund der individuellen Möglichkeiten anders gestaltet. Die nachfolgend beschriebenen Methoden verwende ich persönlich am liebsten und kann aus meiner Erfahrung heraus feststellen, dass sie konsequent angewendet auch zum Ziel führen.

Die Schrägwand

Die Schrägwand ist für den Trainingsaufbau der Kontaktzonengeräte als das geeignetste anzusehen. Sie besteht aus zwei Elementen, deren untere Breite etwa 115 cm beträgt, während diese sich nach oben auf 90 cm verjüngt. Für die Standardklasse müssen die beiden Elemente in einem Winkel von 90 Grad aufgestellt eine Höhe von 190 cm erreichen. Für die Mini-Hunde wird die Wand auf eine Höhe von 170 cm abgesenkt. Die Laufflächen der Wand müssen mit Leisten, welche in gleichmäßigen Abständen von 25 cm angebracht sind, versehen sein. Die obere Leiste darf maximal 20 cm von der oberen Kante entfernt angebracht werden. Beide Kontaktzonen müssen auf einer Länge von 106 cm eindeutig mit einer anderen Farbe abgesetzt sein. Das gilt auch für die Stirnseiten des Gerätes. Beim Anbringen der Leisten muss ein Mindestabstand von 10 cm zur Markierung der Kontaktzonen eingehalten werden.

Das Training der A-Wand beginnt bei Anfängerhunden üblicherweise am flach liegenden Gerät. Welpen und Anfängerhunde zeigen hier meistens gleiches Verhalten. Zunächst darf auf der liegenden Wand noch gespielt werden. Erst später sollen die Hun-

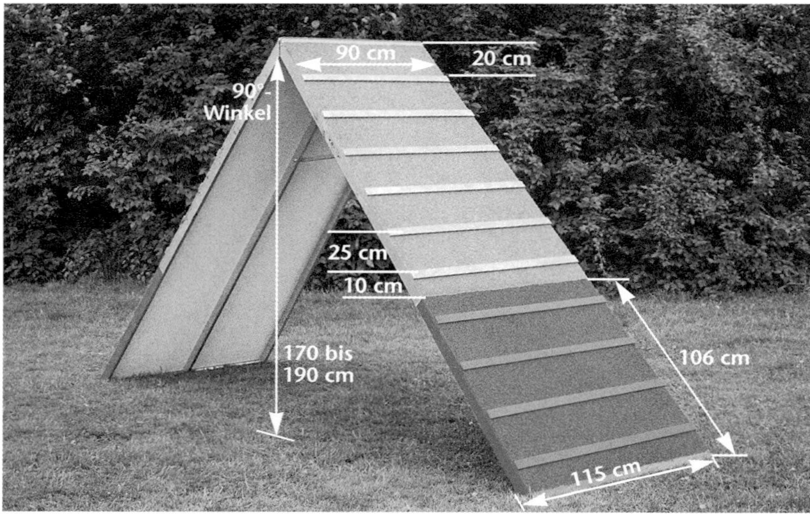

Die Schräg- oder A-Wand.

de lernen, dass die Wand nur in eine Richtung gearbeitet werden soll. Beim ersten gezielten Betreten der A-Wand beobachtet der Trainer sehr genau, ob der Hund die Kontaktzonen betritt. Normalerweise bereitet dies keine Schwierigkeiten, da der Hund ohne Beeinflussung des Hundeführers die Bewegungsart und die Geschwindigkeit selbst bestimmt.

Wird das Gerät dem Hund vertrauter, steigert er seine Geschwindigkeit und wechselt vielleicht vom Trab zum Galopp. Jetzt besteht die Gefahr des Überspringens. Hier beginnt jetzt ein intensives Training. Ziel ist das möglichst schnelle Überqueren des Gerätes mit sicherem Betreten der Kontaktzonen. Motivation ist nun unerlässlich. Für mich ist die zweckmäßigste Methode die Motivation über Futter. Das Annehmen von Futter bremst automatisch den Hund und ermöglicht damit die Kontrolle an den Kontaktzonen, ohne gleichzeitig die Aufmerksamkeit von der Aufgabe oder dem Hundeführer abzulenken.

Die Benutzung einer leichten Leine ohne Schlaufe, Ösen und Haken von ca. 1,20 m Länge ist sinnvoll, damit der Hund jetzt

Die Hand der Hundeführerin führt den Hund bis auf die Kontaktzone.

Die flach gelegte Schrägwand wird beim Training der Junghunde eingesetzt.

nicht mehr durch andere Dinge abgelenkt wird. Der Trainer übernimmt mit der Leine die Kontrolle über den Hund. Somit kann der Hundeführer sich ganz auf das Führen konzentrieren. Er nimmt den Hund auf die linke Seite. Das Leckerchen wird in die Linke, die Führhand genommen. Mit dieser Hand führt er den Hund jetzt nach einem großen Bogen gerade über die flache Wand. Der Hund sollte nicht galoppieren oder springen, sondern in zügigem Trab über die Wand laufen. Läuft man in einem großen Bogen auf das Gerät zu, wird die Aufmerksamkeit des Tieres nicht gleich auf das Gerät gelenkt. Die Konzentration des Hundes ist zunächst auf den Weg und den Hundeführer gelenkt und er hat dadurch bedingt auch nicht den Schwung, um gleich aufzuspringen. Der Blick des Hundes sollte nach unten gerichtet sein. Mit Blick auf den Boden springt ein Hund normalerweise nicht ab. Die Hand des Hundeführers „zieht" den Hund bis ans Ende der Kontaktzone und erst hier bekommt der Hund zur Bestätigung sein Leckerchen. Ruhig wird der Hund einige Meter vom Gerät weggeführt, wo erst jetzt gespielt werden darf.

Mit dem Betreten der Kontaktzone wird der Hund auch gleich an das Kommando gewöhnt, welches im weiteren Trainingsverlauf auch strikt eingehalten werden soll.

Die Körpersprache entwickelt sich normalerweise durch die individuelle Art des Führens. Diese Übung sollte so trainiert werden, dass der Hund rechts und links geführt wird. Sind die Übungen an der flachen Wand sicher, kann diese nach und nach höher gestellt werden. Fängt der Hund bei einer Stellung an zu springen, wird die Wand wieder gesenkt und das Training an dieser Stelle wiederholt.

Auch bei der Steilstellung haben die meisten Hunde genügend Schub in der Hinterhand, um sicher hinaufzulaufen. Ausnahmen sind eigentlich nur sehr kleine oder extrem schwere Hunde. Die Kontrolle des Hundeführers durch den Trainer ist unerlässlich, da es häufig nur geringfügige Veränderungen in seiner Körpersprache sind, die den Hund abspringen lassen: eine Idee zu schnell, ein Anhalten einen halben Schritt zu spät u. Ä. Bei fortgeschrittenem Training ist es sinnvoll, auch den Wechsel zu üben. Um den Hund nicht zu verwirren, muss er auch an diese Situation gewöhnt werden.

Will der Hundeführer den Hund ganz bremsen, so sollte dies konsequent bei jeder Übung eingehalten werden. Diese Methode ist vorteilhaft für Hunde, die sehr weit voraus arbeiten. Wichtig ist, den Hund nicht **vor** den Kontaktzonen zu bremsen, um nicht eine unnötige Spannung aufzubauen, die sich häufig an der falschen Stelle entlädt. Die Konsequenz daraus wäre, dass der Hund abspringt.

Der Laufsteg

Der Laufsteg, häufig auch Laufdiel genannt, besteht aus drei Elementen: dem Aufstieg, dem Laufsteg und dem Abstieg. Auch hier sind die Kontaktzonen in einer Höhe von 90 cm vom Boden an den Stirnseiten und auf den Flächen mit einer anderen Farbe zu versehen. Die Höhe des Laufdiels muss mindesten 120 cm und darf höchstens 135 cm betragen. Die Bohlen müssen eine Breite von 35 cm, höchstens aber 40 cm haben. Alle Einzelelemente des Laufdiels sollen eine Länge von 360 bis 420 cm besitzen. Auf- und Abgang müssen mit Leisten in regelmäßigem Abstand von 20 bis 30 cm versehen sein. Auch hier ist zu beachten, dass die Leisten eine Distanz von mindestens 10 cm zu den Markierungen der Kontaktzonen haben sollen.

Auch beim Laufdiel ist das Ausbildungsziel ein schnellstmögliches Überqueren des Steges mit sicherem Berühren der Kontaktzonen. Beim Anlernen des Gerätes gehen wir ähnlich vor wie bei der Wand. Welpen werden auch beim Steg zunächst spielerisch mit dem flach auf dem Boden liegenden Gerät bekannt gemacht. Nach einiger Zeit wird das Laufdiel auf eine Höhe von etwa 40 cm gebracht. Hierzu eignen sich Getränkekisten, auf welche der Steg gelegt wird, da man eine gute Standsicherheit erreicht. Nun werden wieder Leine und Leckerchen für die ersten Schritte auf dem Laufdiel benutzt. Hier ist die richtige Leinenführung sehr wichtig, damit der Hund nicht von dem schmalen Steg heruntergezogen wird.

Stehen zwei Helfer zur Verfügung, ziehe ich die Arbeit ohne Leine vor. Schützend begleiten sie den Hund auf beiden Seiten,

Spiel der Welpen auf dem flach am Boden liegenden Laufsteg nimmt die Scheu vor dem Gerät.

indem sie parallel mit ihm gehen, damit auch ein unkontrolliertes Abspringen verhindert wird. Der Hundeführer selbst führt den Hund mit dem Leckerchen in der Führhand. Er kann sich so völlig auf seinen Hund konzentrieren. Die Hand, in der das Leckerchen gehalten wird, muss auch hier wieder nach unten auf die Kon-

Der Laufsteg.

taktzone zeigen. Der Hund sollte das Leckerchen auch dort erhalten. Es wird immer ein kleines, schnell zu schluckendes Leckerchen verwendet werden, damit es gleich weiter gehen kann. Schnell das nächste in die Hand, damit man am Ende des Steges wieder bereit ist, um den Hund zu belohnen.

Das eingeübte, an der Schrägwand verwendete Kommando darf nicht vergessen werden und ist mit der gleichen Konsequenz anzuwenden. Geht der Hund jetzt sicher über das etwas höher liegende Laufdiel, läuft man wieder wie beim Training der A-Wand in einem großen Bogen auf das Gerät zu. Dies ist hier noch wichtiger, weil der Aufgang des Laufdiels flacher ist, wodurch sich die Gefahr des Überspringens der Kontaktzonen erhöht. Diese Übung ist natürlich auch hier wieder rechts- und linksführend zu absolvieren. Auch kann man jetzt schon den Seitenwechsel hinter dem Hund trainieren.

Eine weitere Schwierigkeit am Laufdiel besteht in der geringen Breite der Laufflächen, die das Überqueren des Gerätes zu einem ungewohnten Balanceakt werden lassen. Bei größeren Hunden wird diese Schwierigkeit offensichtlich. Aufgrund der anatomischen Gegebenheiten, insbesondere der Beinstellung, treten sie bei Trainingsbeginn häufig sehr nah am Rand der Planke auf. Dies gilt besonders, wenn das Laufdiel zunächst noch am Boden liegt und die Kanten nicht deutlich zu erkennen sind. Gelegentlich geht dies sogar so weit, dass die empfindlichen Ballen des Hundes direkt auf der Außenkante der Bohle aufgesetzt werden. Durch diese unter Umständen unangenehme Erfahrung wird der betroffene Hund natürlich zunächst verunsichert. Aus diesem Grunde ist das Training des Laufdiels sinnvoller, wenn es bereits auf einer geringen Höhe durchgeführt wird. Der Hund muss so konzentrierter arbeiten und lernt von Beginn an, die Pfoten zentrierter aufzusetzen.

Erst nach und nach wird das Laufdiel höher eingestellt, damit der Hund auf der schmalen Brücke die Sicherheit nicht verliert. Dieses schrittweise Vorgehen ist notwendig, um keine Angst vor der für den Hund ungewöhnlichen Laufhöhe aufkommen zu lassen. Da der Agility-Richter im Wettbewerb üblicherweise mitläuft, ist es sinnvoll, wenn eine dem Hund fremde Person sich gelegentlich neben dem Laufdiel befindet. So kann der Hund schon im Training daran gewöhnt werden, dass er das Laufdiel unbeeinflusst, gewissermaßen Auge in Auge mit einem Unbekannten konzentriert bis zum Ende arbeiten muss.

Beim Erarbeiten des Laufdiels ist für den Hundeführer ein möglichst exaktes Timing notwendig, um den Hund sowohl an der Kontaktzone des Aufganges wie am Abgang mit der erforderlichen Hilfe unterstützen zu können. Nur so besteht die Möglichkeit, hier Kontaktzonenfehler zu vermeiden.

Die „Agility Welt“-Cup-Siegerin 1997 Marlene Campe mit ihrer Malinois-Hündin Odessa Bjakarima beim Kontaktzonentraining am Laufsteg.

Die Wippe

Die Wippe besteht aus einer Planke von 30 bis 40 cm Breite und einer Länge von 365 bis 425 cm. Die Höhe der Mittelachse zum Boden sollte 1/6 der Bohlenlänge betragen. Die Kontaktzonen haben eine Länge von 90 cm wie beim Laufsteg. Sie sollte standsicher und rutschfest sein, allerdings sollen auf der Lauffläche keine Leisten angebracht werden. Beim Einsatz im Mini-Agility sollte man wegen des geringen Gewichtes der kleinen Hunde das Einsetzen eines Gegengewichtes ermöglichen.

Trainingsziel an der Wippe ist das korrekte Ausbalancieren am Kipp-Punkt und das sichere Betreten der Kontaktzonen. Der Hund darf die Wippe erst verlassen, wenn diese den Boden nach dem Kippen wieder berührt.

Die Wippe ist ein bewegliches Gerät, welches dem Hund zunächst Unbehagen verursacht. Instinktmäßig meidet ein Tier einen Untergrund, der nicht trittsicher ist. Aus diesem Grund ist hier ein behutsames Anlernen besonders wichtig. Helfen kann zunächst ein

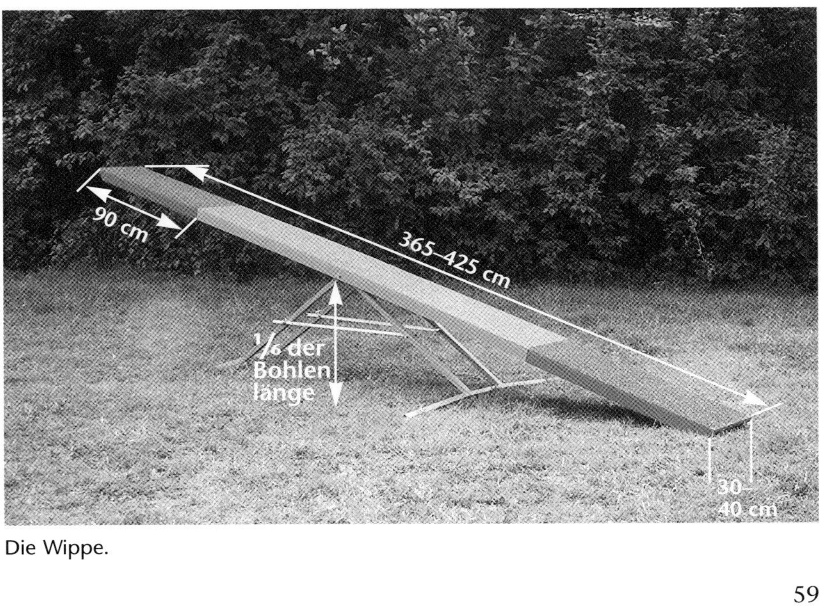

Die Wippe.

breites Brett, das über einen halbierten Baumstamm gelegt wird, über das man die Hunde führen kann. Welpen in ihrer Unbefangenheit haben auch jetzt wieder einen Vorteil. In ihrem Spiel und durch ihre Unerschrockenheit reagieren sie oft nur erstaunt, aber nicht ängstlich. Ältere Hunde werden mit Hilfe von Motivation und der Sicherheit der Leine über das Brett geführt. Steht kein solches Brett zur Verfügung, wird der Welpe auf die Mitte der Wippe gesetzt und vom Hundeführer vorsichtig gehalten, während die Wippe einige Male hin und her bewegt wird. Dann wird der Hund wieder heruntergehoben. Nachdem der Hund sich an die Bewegung des Gerätes gewöhnt hat, wird der Welpe bis zum Kipp-Punkt hinaufgeführt. Die Wippe wird mit Unterstützung eines Helfers sehr vorsichtig gekippt, bis sie den Boden erreicht hat. Nun kann man den Hund hinunterlaufen lassen.

Ein Welpe wird zunächst nur an die Bewegung des Gerätes gewöhnt, er sollte die Wippe noch nicht überlaufen. Seine Muskulatur ist noch nicht weit genug ausgebildet, um das Gerät auszubalancieren und den Aufprall nach dem Kippen abzufangen. Junghunde im Alter von sieben bis acht Monaten kann man langsam an die Wippe gewöhnen. Sinnvoll ist es, mit zwei Helfern zu arbeiten: einer, der mit dem Hundeführer den Hund begleitet, und einer, der die Wippe kontrolliert.

Der Hund wird zunächst bis zum Kipp-Punkt hinaufgeführt. Mit einem Helfer wird die Wippe einige Male je nach Belastbarkeit des Hundes bewegt. Auch hier wird das Gerät abschließend vom Helfer vorsichtig gekippt und der Hund langsam hinuntergeführt. Der Hund wird jetzt ausgiebig gelobt. Man sollte aber darauf achten, dass dem Hund nicht die Möglichkeit gegeben wird abzuspringen.

Nachdem der Hund das Ende der Wippe erreicht hat, sollte der Helfer die Wippe vorsichtig in die Ausgangsstellung zurückführen. Wenn das Gerät polternd zurückschlägt, wird ein sensibler Hund sehr leicht verunsichert und der Trainingserfolg in Frage gestellt. Es muss auch unbedingt darauf geachtet werden, dass das Tier beim Zurückschlagen der Wippe weit genug von dieser entfernt ist, damit es nicht von dem Gerät getroffen wird.

Auch hier wird natürlich wieder mit Unterstützung von Leckerchen trainiert, bis der Hund sich nach und nach sicher auf dem

Gerät bewegt. Er sollte ohne zu zögern auf die Wippe zulaufen, wenn sie ihm angezeigt wird. Immer noch werden zwei Helfer benötigt. Der Hund wird wie zu Beginn des Trainings an der Wippe hinaufgeführt. Wenn er sicher und selbstständig hinaufgeht, sollte am Kipp-Punkt der Wippe die Bewegung vom Hund selbst ausgelöst werden. Die Wippe wird aber vom Helfer abgefangen (Vorsicht bei großen Hunden) und langsam abgesenkt. Das Abfangen geschieht immer später, bis der Hund in der Lage ist, die Bewegung selbstständig zu kontrollieren.

Die Hunde gehen am Kipp-Punkt in eine leicht geduckte Haltung, um die Bewegung der Wippe mit einer ähnlichen Reaktion wie das Rückenrollen einer Katze abzufangen. Dies ist die schonendste Art für den Körper des Hundes, dem Umschlagen der Wippe entgegenzuwirken. Beherrscht der Hund das Abfangen der Wippe, führt man ihn mit der Leine noch immer sehr vorsichtig über die Wippe, bis er das Gerät auch ohne Hilfe beherrscht. Nun sollte man beginnen, die Kontrolle an den Kontaktzonen in gleicher Weise wie beim Laufdiel und der A-Wand zu übernehmen.

Wichtig ist beim Erarbeiten der Wippe ein regelmäßiges Training, auch an verschiedenen Wippen, da jedes dieser Geräte einen anderen Kipp-Punkt hat. Es ist auch immer wieder zu beobachten, dass Wippen sehr schwergängig sind und erst kippen, wenn der Hund fast am Ende des Steges angekommen ist. Dies ist bei sehr leichten Hunden besonders problematisch. Bei zu leichtgängigen oder schlecht austarierten Wippen ist auf zwei Schwierigkeiten zu achten. Zunächst kippt die Wippe sehr schnell um und schlägt hart auf, wobei dem Hund einiges abverlangt wird, um diesen Schlag abzufangen. Nach dem Verlassen der Wippe schlägt diese dann sehr schnell und polternd in die Ausgangsposition zurück. Der Lärm und die heftige Bewegung hinter dem Hund kann diesen unter Umständen stärker beeindrucken.

Nur ein kontinuierliches Training kann dem Hund an diesem Gerät, das einen verhältnismäßig hohen Schwierigkeitsgrad hat, das notwendige Vertrauen geben.

Anfängerhunde werden am Kipp-Punkt der Wippe angehalten, um das Ausbalancieren zu trainieren.

Bei sehr schnellen Hunden muss darauf geachtet werden, dass die Wippe den Boden berührt, bevor sie verlassen wird.

Hürden und Sprünge

Sprünge und Sprungkombinationen sind wohl die wesentlichsten Elemente im Agility-Parcours. Sie nehmen einen so hohen Stellenwert ein, dass mit dem „Jumping“ oder auch „Fast-Parcours“ genannt, regelmäßig Wettbewerbe durchgeführt werden, welche fast ausschließlich aus unterschiedlichen Sprüngen bestehen.

Sprunggeräte werden in verschiedensten Ausführungen wie Hoch-, Weit- oder Reifensprung eingesetzt. In den meisten Parcours muss der Hund etwa zehn bis zwölf Sprünge absolvieren. Darum sollte dem Sprungtraining immer besondere Aufmerksamkeit geschenkt werden. Allerdings ist aus Rücksicht auf die Gesundheit des Hundes unbedingt zu beachten, dass mit dem Sprungtraining erst vorsichtig begonnen wird, wenn das Wachstum des Hundes abgeschlossen ist. Je nach Rasse und Größe des Hundes kann man ab einem Alter von etwa zwölf Monaten beginnen.

Einfache Hürden

Einfache Hürden in der Standardklasse (Widerristhöhe > 40 cm) haben eine Mindesthöhe von 0,55 m und eine maximale Höhe von 0,65 m. In der Mini-Kategorie (Widerristhöhe < 40 cm) ist ein Mindestmaß von 0,30 m und ein Höchstmaß von 0,40 m einzuhalten. Sie sollten eine Mindestbreite von 1,20 m haben.

Die Hürden können verschieden konstruiert sein. Zwischen den Pfosten können Stangen (Stabhürden), durchbrochene Flächen (Gitterhürden), ganz ausgefüllte Flächen (Vollflächenhürden) oder mit Reisern versehene Flächen (Buschhürden) verwendet werden. Alle Hürden müssen am oberen Abschluss mit einer Abwurfstange versehen sein, die beim Überspringen durch den Hund abgeworfen werden können. Bei der Buschhürde muss die Stange höchstens 0,5 cm über der Bürste beweglich angebracht werden. Die Stangen sollten wegen der Verletzungsgefahr für die Hunde nicht aus Metall oder PVC sein.

Im Parcours können auch Doppelsprünge aufgebaut werden. Sie bestehen aus zwei Stabhürden, die in ansteigender Linie mit

Geschlossene Hürde.

Offene Hürde (Stangenhürde).

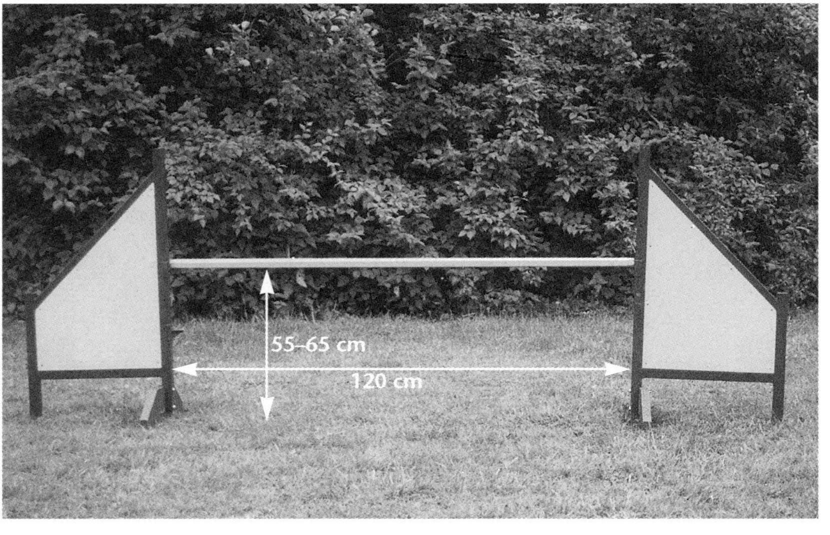

Der Beagle überwindet mit gestrecktem Sprung die Hürde.

einem Höhenunterschied von 0,20 bis 0,25 m aufgestellt werden. Die Maximalhöhen dürfen nicht überschritten werden. Der Abstand der beiden Hürden darf nicht mehr als 0,55 m (Standardkategorie) bzw. 0,35 m (Mini) betragen.

An Sprünge, verschiedene Formen von Sprüngen, an Stangen und an Geräusche, die von fallenden Stangen erzeugt werden, kann man schon Welpen und Junghunde gewöhnen. Das Sprungtraining selbst darf wie schon erwähnt erst dann begonnen werden, wenn die Knochensubstanz und die Bänder der Gelenke gefestigt sind. Die Muskulatur der Hunde muss schon einigermaßen ausgebildet sein. Trainingsmäßig sollte ein Hund erst mit etwa einem Jahr springen.

In der Welpenschulung kann man Stangen wie beim Mikado auf einer Fläche ausbreiten. Die Welpen werden animiert, sich über und zwischen den Stangen zu bewegen. Hierbei kommen sie mit diesen in Berührung. Mit ihren kurzen Beinen stolpern und klettern sie über die Stangen und lösen dadurch rutschende und rollende Bewegungen aus. Sie gewöhnen sich im Spiel daran, dass die Stangen sie zwischen den Beinen, unter dem Bauch oder auch mal die Pfoten von oben berühren, ohne dass sie gleich in Panik geraten. Dabei lernen sie ihre Bewegungen zu koordinieren und heben die Beine, um unangenehme Berührungen mit den Stangen zu vermeiden.

Das Herumgehen um die Ausleger der Hindernisse oder um Tonnen oder Eimer macht die Welpen mit den Hürden bekannt. Stangen können auch schon zwischen den Auslegern auf den Boden gelegt werden, damit sich das Bild einer Hürde schon einprägt. Mehrere Hürden dieser Art können in einer Geraden aufgestellt werden, so dass gemeinsames Laufen über diese Hindernisse zum Spiel für Hundeführer und Hund werden kann. Dieses Spiel macht den Hunden üblicherweise viel Spaß.

Der Hund überläuft die Stangen. Sollte der Hund gelegentlich auch ansatzweise springen, ist dies nicht gleich schädlich. Dieses Verhalten muss nicht sofort unterbunden werden, es sollte aber auch nicht gefördert werden.

Der Versuch des Welpen, in seiner gewohnten Umgebung zum Beispiel auf einen Sessel zu springen, muss nicht generell unterbunden werden. (Es sei denn, es gibt für den Hund ein striktes Verbot, es sich auf den Sitzmöbeln bequem zu machen.) Hierbei trainiert er seine eigenen Fähigkeiten; er hört auf, wenn seine Kräfte nicht ausreichen.

Im Training arbeitet der Hund für uns. Durch den Hundeführer motiviert erkennt er die Grenzen seiner Leistungsfähigkeit nicht und kann dadurch leicht überfordert werden. Zur Motivation können jetzt Spielzeuge zum gemeinsamen Zerren oder auch Dinge zum Werfen, die den Trieb nach vorne zum freien Laufen fördern, eingesetzt werden. Der Ball mit einem Band hat den Vorteil, dass beide Spiele möglich sind. Der Hundeführer kann immer wieder den direkten Kontakt zum Hund aufbauen, indem er das Band ergreift, und somit die Aufmerksamkeit des Hundes wieder auf sich lenken. Dieses Spiel ist im Hinblick auf die spätere Führungsarbeit im Parcours wichtig.

Wie schon erwähnt darf das eigentliche Sprungtraining erst beginnen, wenn der Hund etwa ein Jahr alt ist. Das Springen besteht aus drei Phasen: dem Absprung, der Flugphase und der Landung. Das ist der physikalische Ablauf sehr stark vereinfacht beschrieben. Das saubere Überspringen beinhaltet aber komplexere Abläufe. Hierzu gehören das Erkennen eines Hindernisses, das Einschätzen von Höhe und Weite, das Kalkulieren des Kraftaufwandes beim Absprung und bei der Landung sowie das Ausbalancieren des Körpers über dem Sprung. Jeder Hund entwickelt seine eigene Sprungtechnik. Hierauf hat der Hundeführer keinen Einfluss.

Sieht man genau hin, gibt es Hunde, die direkt vor dem Hindernis steil aufsteigen und sofort hinter dem Hindernis wieder landen. Andere springen früh ab und landen weit hinter dem Hindernis. Es gibt Hunde, die ihre Beine hoch unter den Bauch ziehen, andere strecken sie weit nach hinten weg. Für die Parcoursarbeit ist es sinnvoll, wenn der Hund beim Sprung nicht zu weit herausspringt, da damit immer große Wege verbunden sind, die im Wettbewerb viel Zeit kosten können.

Beim Beginn des Sprungtrainings liegen die Stangen zuerst auf der niedrigsten Höhe der Auflieger. Erst werden einzelne Sprünge geübt, zuerst geradeaus, dann auch mit Wendungen nach rechts und links. Das Vorauslaufen wird geübt. Der Hundeführer steht mit seinem Hund vor dem Hindernis, wirft das Motivationsspielzeug und fordert seinen Hund zum Sprung auf.

Auch das Abrufen über den Sprung kann geübt werden. Dazu muss der Hund zunächst in der vom Hundeführer gewünschten Position vor dem Hindernis abgesetzt, gelegt oder gestellt werden. Hier muss aber unbedingt beachtet werden, dass der Hund nicht zu nah an die Hürde herangebracht wird, weil damit Abwürfe häufig vorprogrammiert sind. Der Hundeführer geht auf die an-

Der Absprung.

Die Flugphase.

Die Landung.

Dieser Jack Russell Terrier hat einen Abwurf am letzten Hindernis kaum zu befürchten.

dere Seite des Hindernisses und ruft den Hund zu sich. Für den Anfängerhund bedeuten die veränderten Positionen des Hundeführers immer ein anderes Bild. Der Hund sollte aus allen diesen Positionen den niedrigen Sprung beherrschen. Nun können mehrere Sprünge geübt werden wie eine Gerade aus zwei oder drei Sprüngen, mit der man dann auch schon mal die Schnelligkeit testen kann. Stufe für Stufe werden die Stangen höher gelegt. Der Hund muss aber jede höhere Stufe erst sicher springen, bevor die Stange höher gelegt wird.

Die Stellung des Hundeführers hat Einfluss auf das Sprungverhalten des Hundes. Der Hund springt frei nach vorne, wenn der Hundeführer mit ihm hinter dem Hindernis steht und ein Spielzeug wirft. Der Hundeführer wirkt aber als Barriere, wenn er direkt vor dem Hindernis steht und seinen Hund zu sich ruft. Ungeübte Hunde werfen in dieser Situation oft die Stangen ab, weil der Hundeführer zu nahe am Sprung steht bzw. weil der Hund die Abstände noch nicht richtig einschätzen kann. Er versucht, noch in der Flugphase zu bremsen.

Beim Sprungtraining ist zu beachten, dass der Hund nicht nur wie oben beschrieben das Hindernis einschätzen muss, sondern auch noch den Anweisungen des Hundeführers gerecht werden soll. Ein Fehler, der sich dabei immer wieder beobachten lässt, ist ein schlechtes Timing für Kommandos während des Springens. Bekommt der Hund in der Flugphase des Sprunges ein Kommando zum Beispiel für einen Richtungswechsel, wird er versuchen diesen sofort einzuleiten. Viele Hunde werden dadurch in der Konzentration auf den Sprung beeinträchtigt. Sehr oft ist die Konsequenz dieses schlechten Timings ein Abwurf. Trotz all dieser Anforderungen springen die meisten Hunde nach kurzer Trainingszeit sauber und mit viel Spaß.

Mauer, Viadukt und Busch- oder Vollflächenhürde

Die Mauer besteht aus einer ausgefüllten Fläche, welche eine Tiefe von ungefähr 0,20 m haben sollte. Die Breite darf 1,20 m nicht unterschreiten. Das Viadukt kann zwei Öffnungen in Form von Tunneln aufweisen. Der obere Teil der Hindernisse muss abwerfbare Elemente aufweisen, meistens in Form von halbrunden Zie-

Die Mauer.

Das Viadukt.

Ein gelungener Sprung über die Mauer.

Schon während der Flugphase sucht der Hund den Kontakt zum Hundeführer, um sich für den weiteren Lauf zu orientieren

Klar zu erkennen ist auf diesen Fotos das Ausbalancieren des Körpers mit Hilfe der Rute.

geln, welche lose auf dem Hindernis aufgelegt werden. Die Höhe der Hindernisse ist wie bei anderen Sprüngen auf 0,55 bis 0,65 m (0,30 bis 0,40 m) festgelegt.

Bei den geschlossenen Sprüngen wie der Mauer, dem Viadukt oder der Buschhürde ist zu bedenken, dass der Hund die Fläche, auf der er landet, nicht sieht. Es wird also ein enormes Vertrauen zum Hundeführer benötigt, damit er diesen Sprung gewissermaßen blind absolviert. Diese Geräte sollten immer erst dann trainiert werden, wenn der Hund sicher springt. Auch bei solchen Aufgaben ist unbedingt darauf zu achten, dass der Hund nicht überfordert wird und das erworbene Vertrauen nicht zerstört wird. Gerade bei diesen Geräten ist es wichtig, dass der Hundeführer und der Trainer einschätzen können, wie der Hund arbeitet, um ihn dann richtig zu führen.

In einer Sprungkombination ist es unter Umständen nötig, das Tempo etwas zu reduzieren, wenn der nächste Sprung dicht darauf folgt, oder aber zu beschleunigen, wenn der Hund weiter hinaus springen soll. Kann der Hund sich auf seinen Partner verlassen, wird er solche Sprünge frei und ohne zu zögern arbeiten.

Die Buschhürde.

Der Reifen

Die Reifenöffnung sollte einen Durchmesser von 0,38 m bis höchstens 0,60 m haben. Der Mittelpunkt des Reifens sollte für Hunde der Standardgröße auf 0,80 m vom Boden ausgelotet werden (bei den Mini-Hunden 0,55 m). Der untere Teil des Reifens muss ausgefüllt sein, um eine Verletzungsgefahr beim Aufsetzen im Reifen zu vermeiden. Der Reifen muss von Seilen oder Ketten gehalten werden und sollte verstellbar sein. Das Gerät muss so gebaut werden, dass es ein durchspringender Hund nicht umwerfen kann.

Der Reifen.

Elegant absolviert der Malinois den Reifensprung.

Der deutsche Schäferhund zählt mit zu den zuverlässigen Hunden im Parcours.

Beim Reifen muss der Hund zielgenau springen. Er muss exakt den Mittelpunkt durchspringen. Dieser Sprung sollte vom Hundeführer mit einem eigenen Kommando belegt werden. Meistens wird der Hund von vornherein mit dem Befehl „Reifen“ an dieses Hindernis herangeführt.

Der Reifen bietet verschiedene Fehlermöglichkeiten. Fehlerhaft ist, wenn der Hund zwischen Reifen und Rahmen durchspringt oder unter dem Reifen durchläuft. Beginnt man das Sprungtraining am Reifen, ist es vorteilhaft, einen Reifen ohne die verwirrende Konstruktion aus Rahmen und Ketten des Agility-Reifens zu verwenden. Ein ausgedienter Reifen kann beim Händler besorgt werden. Dieser Reifen wird direkt auf dem Boden aufgesetzt. Der Hund bleibt mit dem Trainer auf der einen Seite des Reifens, während sich der Hundeführer auf die andere begibt. Der Hund sollte angeleint sein. Die Leine wird durch den Reifen zum Hundeführer gegeben. Sie dient nur zur Unterstützung. Der Hund wird mit geeigneten Motivationshilfen durch den Reifen gelockt. Damit er den richtigen Weg nimmt, wird er mit der Leine unterstützt. Das seitliche Ausweichen muss unterbunden werden. Ist der Hund durch den Reifen gesprungen, wird er ausgiebig gelobt. Diese Übung kann je nach Wesensfestigkeit des Hundes zwei- bis dreimal wiederholt werden.

Springt der Hund sicher durch den am Boden stehenden Reifen, kann zunächst ohne Leine trainiert werden. Dann läuft man mit dem Hund ohne Leine gerade auf den Reifen zu und unterstützt den Sprung mit dem verbalen Kommando. Bevor der Hund mit dem Agility-Reifen konfrontiert wird, sollte er sicher durch diesen Reifen springen.

Im weiteren Aufbau wird jetzt der Agility-Reifen an seinen Aufhängungen im Rahmen so weit wie möglich heruntergelassen. Das Training beginnt nun wie oben am stehenden Reifen beschrieben. Schritt für Schritt wird das Training weitergeführt, wobei das Loben und Belohnen wieder eine wichtige Rolle einnehmen. Erst wenn der Hund aus dem Lauf heraus, wobei immer darauf geachtet werden muss, dass man gerade auf den Reifen zuläuft, sicher durch den heruntergelassenen Reifen springt, wird der Reifen langsam hochgestellt, bis die im Reglement vorgesehene Höhe erreicht ist.

Bei manchen Reifen ist es nicht möglich, sie bis ganz auf den Boden herunterlassen, auch die Halterung ist oft nicht so konstruiert, dass der Reifen absolut fest sitzt. Manche Hunde probieren erst vorsichtig und setzen zuerst die Pfoten auf den Reifen. Spüren sie, dass dieser sich bewegt, meiden sie ihn in dieser Phase. Dann hilft nur sehr viel Geduld. Zunächst sollte dem Hund an dem Übungsreifen erneut die notwendige Sicherheit gegeben werden. Wird der Hund dann wieder an den anderen Reifen herangeführt, sollte darauf geachtet werden, dass er direkt zum Sprung ansetzt. Manchmal hilft ein bisschen mehr Schwung, manchmal auch nur die Überlistung aus einem Spiel heraus.

Der Hundeführer spielt mit seinem Hund. In der höchsten Erwartungshaltung wirft er das Spielzeug durch den Reifen. Oft gelingt es so, den Hund die Vorsicht vergessen zu lassen. Hunde, die mit Leckerchen leicht zu ködern sind, bekommt man sicherlich mit Futter durch dieses Gerät. Hat der Hund das notwendige Vertrauen zum Reifen gewonnen, sollte der exakte Sprung kein Problem mehr sein.

Der Weitsprung

Der Weitsprung besteht aus drei bis fünf Elementen in verschiedenen Höhen. Das höchste Element hat die Höhe von 0,28 m, das niedrigste eine Höhe von 0,15 m. Die einzelnen Elemente sind 0,15 m breit. Sie werden in einer Gesamtweite von 1,20 bis 1,50 m (bei Mini 0,60 bis 0,65 m) zu einem Sprung zusammengefügt. Der Weitsprung wird an jeder Ecke von einer Stange markiert, die ca. 1,20 m hoch und oben mit einem Schutz versehen ist.

Hatte der Hund bisher gelernt, höhere Hindernisse zu überspringen, soll er jetzt einen Weitsprung absolvieren. Vom Erscheinungsbild weicht der Weitsprung auch für den Hund von den anderen Sprüngen ab. Viele Hunde ohne Vorbereitung an diesen Sprung herangeführt, überlaufen dieses Hindernis, weil sie es nicht als Sprung erkennen. Richtig aufgestellt wirkt dieser Sprung aus Sicht des Hundes wie eine Fläche.

Da der Weitsprung aus mehreren Einzelelementen besteht, kann mit wenigen Teilen das Training begonnen werden. Für

Der Weitsprung stellt für die meisten Hunde im Parcours kein Problem dar.

Der Weitsprung.

das Sprungverständnis des Hundes können zunächst die Ausleger der Hochsprünge die Seiten begrenzen. Dadurch lernt der Hund gleichzeitig, den Sprung gerade zu nehmen. Diagonal oder gar quer darf dieses Hindernis nicht übersprungen werden. Zusätzlich kann noch eine optische Hilfestellung gegeben werden, indem eine andersfarbige Stange kurz vor dem Ende des Sprunges in geringer Höhe über die Elemente gelegt wird. Dieses Hilfsmittel dient dazu, die Streckungsphase zu verlängern. Wird eine Stange als Hilfsmittel verwendet, muss der Abstand zum Ende des Elementes dem typischen Sprungverhalten des Hundes angepasst werden. Hier ist wieder die Beobachtungsgabe von Trainer und Hundeführer gefragt, um ein gutes Ergebnis zu erzielen.

Der Tisch

Die Fläche des Tisches ist quadratisch und sollte nicht kleiner als 0,90 × 0,90 m und nicht größer als 1,20 × 1,20 m sein. Die Oberfläche sollte möglichst rutschfest sein. Die Höhe des Tisches beträgt bei Standardhunden 0,60 m, bei den Minis 0,35 m.

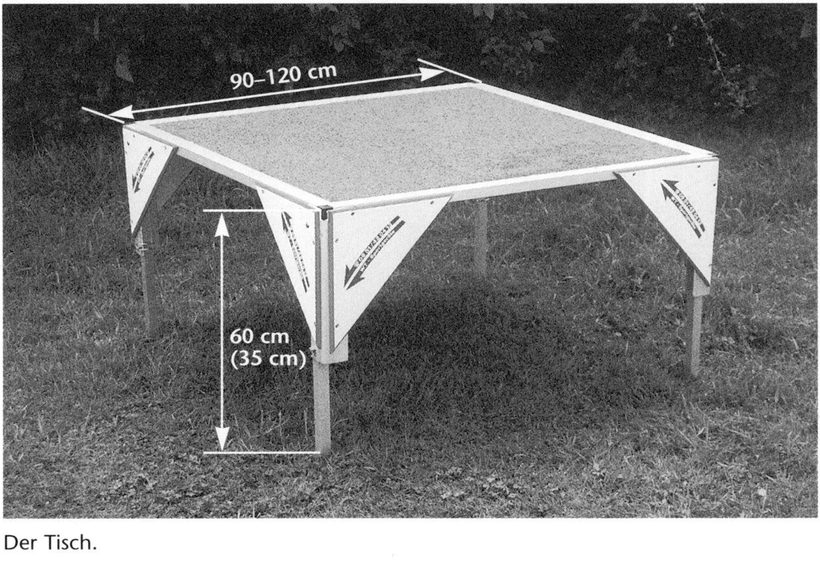

Der Tisch.

Die Position des Hundes auf dem Tisch – Steh, Sitz oder Platz – wird für jeden Wettbewerb ausgelost.

Bei Trainingsaufbau am Tisch muss zunächst unbedingt darauf geachtet werden, dass dieser fest steht, damit der Hund nicht verunsichert wird, wenn er auf den Tisch springt und dieser anfängt zu wackeln oder eventuell gar ganz kippt. Auf dem Tisch muss der Hund zeigen, dass er dem Hundeführer gehorcht. Der Gehorsam am Tisch kann dem Hund als ein positives Ereignis angelernt werden.

Einen Welpen oder Junghund kann man auf den Tisch heben. Der Hundeführer setzt sich dazu und spielt mit ihm, füttert und streichelt ihn und lässt die Übung zu einem positiven Erlebnis werden. Alles, was Spaß macht, ist erlaubt. Der Welpe sollte nur nicht selbstständig vom Tisch springen.

Soll der Hund das Springen auf den Tisch lernen, wird ein Motivationsspielzeug oder Leckerchen auf den Tisch gelegt und der angeleinte Hund zunächst auf den niedrigen Tisch gelockt. Hier wird er ausgiebig gelobt. Danach darf er wieder abspringen. Noch bekommt er kein Gehorsamskommando. Erst soll das Springen und Verweilen auf dem Tisch Spaß machen. Springt der Hund mit zu viel Schwung, kann sich der Hundeführer hinter den Tisch stellen, während der Trainer den Hund hält, bis der Hundeführer den Hund zu sich ruft. Er wirkt dann wie eine Barriere und der Hund bremst ab. Der Hund muss das Timing erst lernen.

Zeigt ein Hund Meideverhalten, kann sich der Hundeführer auch auf den Tisch setzen und den Hund zu sich rufen. Hier wird der Hund ausgiebig belohnt. Ziel ist das schnelle, sichere Springen auf den Tisch mit schneller Ausführung der Gehorsamsübung. Die Gehorsamsübungen „Platz“, „Sitz“, und „Steh“ sollte der Hund schon sicher beherrschen, bevor er diese auf dem Tisch ausführen soll.

Ist das Springen auf den Tisch vom Hund sicher angenommen und bleibt er auch darauf, werden die Gehorsamskommandos eingeführt. Führt der Hund das geforderte Kommando aus und befindet er sich in der gewünschten Position, wird er sofort gelobt. Man muss hier ganz besonders darauf achten, den Hund nicht zu loben, wenn er die gewünschte Position verlässt. Wichtig ist, das die Positionskommandos unverzüglich und exakt ausgeführt werden, da hier im Wettbewerb oft sehr viel Zeit vertan wird. Der Hund darf den Tisch nur auf eine Aufforderung des Hundeführers hin verlassen.

Bei Hunden, die sehr stark über den Trieb gearbeitet werden, ist diese „erzwungene“ Ruhephase auf dem Tisch oft ein Problem, da der Drang nach vorne stärker ist als der Gehorsam. Es ist wichtig, dass der Hundeführer dem Hund das Gefühl gibt, es ist richtig, dass du hier ruhig bleibst, erst dann können wir weiterarbeiten. Zu Beginn der Arbeit am Tisch sollte diese Trainingseinheit am Ende einer Übung stehen, damit dieser Teil mit dem Tisch abgeschlossen ist und der Hundeführer sich auch wirklich Zeit lassen kann, den Hund lange zu loben.

Der Wassergraben

Der Wassergraben besteht aus dem Wasserbecken mit einer Wasseroberfläche von 1,20 × 0,75 m und einer niedrigen Hürde von 0,40 m bei der Standardgröße und 0,20 m bei den Minis. Die Sprunglänge bei den Standardhunden beträgt 1,20 m, bei den Minis 0,75 m. Begrenzt wird das Wasserbecken von vier Stangen. Die Hürde darf nur aus Leisten bestehen und ist immer am Beginn des Wassergrabens anzubringen.

Der Wassergraben verlangt vom Hund die gleiche Arbeitsweise wie der oben beschriebene Weitsprung. Dieses Hindernis wird in hiesigen Wettbewerben so gut wie nie verwendet. Er soll hier nur der Vollständigkeit halber erwähnt werden. Wenn der Hund den Weitsprung beherrscht, dürfte der Sprung über den Wassergraben kein Problem sein. Ein im Trieb stehender Hund wird das Wasser ignorieren. Der Hund muss ebenso wie beim Weitsprung den Wassergraben gerade und in einer Richtung überspringen. Überspringt der Hund den Wassergraben diagonal oder quer, ist dies genau wie beim Weitsprung fehlerhaft.

Der Slalom

Der Slalom besteht aus acht, zehn oder meistens aber zwölf Stangen. Die Stangen müssen eine Höhe von wenigstens einem Meter haben. Der Zwischenraum der einzelnen Pfosten beträgt 0,50 bis 0,65 m.

Der Slalom ist für den Hund ein Gerät, welches von ihm zunächst überhaupt nicht als Hindernis erkannt wird. Ein solches Arbeiten wäre in der freien Natur auch auf keinen Fall angebracht, da beim Verfolgen einer Beute nur der direkte Weg zum Ziel führen kann. An aufgerichteten Zaunstangen läuft der Hund beispielsweise geradeaus vorbei.

Der Slalom.

Der Slalom ist ein Gerät, das größte Konzentration und Geschicklichkeit erfordert. Um dieses Gerät zu erlernen, gibt es verschiedene Methoden. Die erste, die wir ausprobierten, war das Durchschicken und wieder Zurückrufen der Hunde durch die einzelnen Tore. Die Hunde haben auf diese Art und Weise das Fädeln gelernt. Der Schub nach vorne und die Geschwindigkeit fehlten aber bei den meisten Hunden.

Um dem Hund das Erlernen des Slaloms zu erleichtern und auch hier richtig mit Motivation arbeiten zu können, wird der Slalom zunächst wie eine Gasse aufgebaut. Anfangs arbeitet man nur mit sechs Stangen, um die Konzentrationsfähigkeit zu erhalten (der regelgerechte Slalom kann wie erwähnt aus acht, zehn oder zwölf Stangen bestehen). Später geht man dann zu mehr über.

Im Abstand von jeweils etwa einem Meter werden sechs Stangen in einer Reihe aufgestellt. Die anderen sechs Stangen werden dann immer auf Lücke so aufgestellt, dass die beiden Reihen eine

Ein gut trainierter Hund erarbeitet den Slalom selbstständig und ohne Hilfe.

breite Gasse bilden. Hierbei ist darauf zu achten, dass der Hund beim Betreten der Gasse die erste Stange immer an der linken Schulter hat.

Durch eine breite Gasse können Welpen mit ihrem Hundeführer gut hindurchgehen. Sie sollten diese passieren, als ob sie auf einem Weg entlang gehen und die Stangen nur die Begrenzung

Beim V-Slalom lassen sich die Stangen in jedem beliebigen Neigungswinkel fixieren.

wären. Der Welpe und auch der Junghund kann durch die Gasse gerufen werden. Er sollte möglichst mit starker Motivation gelockt und zu schnellem Lauf angeregt werden. Motivationsspielzeug kann ans Ende gelegt werden, damit der Hund geradeaus läuft. Das Mitlaufen an der rechten und linken Seite sollte von vornherein geübt werden.

Nach und nach werden die Stangen enger zusammen gestellt, bis sie den Hund an Bauch und Schulter berühren. Immer wird mit starker Motivation trainiert. Sind die Hunde noch nicht ein

Jahr alt, wird das Training auf diesem Stand gehalten. Hunde unter einem Jahr sollten aus gesundheitlichen Gründen noch nicht schlängeln. Bei älteren Hunden werden die letzten Stangen so zusammengeschoben, dass der Hund leicht zu schlängeln beginnt. Es ist darauf zu achten, dass sich das Tempo zunächst verlangsamt. Man sollte den Hund jetzt nicht treiben. Das Schlängeln muss erst erlernt werden. Der vorausgehenden Bewegung des Kopfes folgt dann der Rumpf.

Die Stangen werden immer weiter zusammengerückt, es sollte aber immer noch eine enge Gasse bestehen. Der Hund darf hier zwischendurch nicht ausfädeln. Sollte das der Fall sein, erweitert man die Gasse wieder.

Läuft der Hund sicher durch eine enge Gasse mit Ansatz zum Fädeln, werden zunächst vier Slalomstangen zum korrekten Slalom aufgestellt. Eine Stange wird zur Erleichterung des Einfädelns noch etwas nach links versetzt. Nun wird es spannend. Hat der Hund das Gerät richtig erlernt, läuft er ohne Hilfestellung den Vier-Stangen-Slalom. Dafür wird er überschwänglich gelobt. Manchmal muss man in diesem Stadium dem Hund mit Handzeichen („durch“, „weg“) ein wenig helfen.

Er identifiziert dieses Gerät nicht mit dem Übungsslalom. Trotzdem lohnt sich die Arbeit am Übungsslalom (wie oben beschrieben), denn der Hund hat das Fädeln im Ansatz gelernt. Der Schub nach vorn, der die Geschwindigkeit bringt, ist vorhanden. Jetzt kommt es auf das Timing und den richtigen Rhythmus an. Oft gibt es dann ein „Aha-Erlebnis“ beim Hund und er setzt seine Erfahrung aus dem Übungsslalom auf den richtigen Slalom um.

Eine weitere Möglichkeit zum Antrainieren bietet der V-Slalom. Stangen werden relativ flach, etwa in der Form eines V, aufgestellt. Der Winkel sollte so flach sein, dass der Welpe oder Junghund in der Mitte gerade darüber laufen kann. Bei dieser Methode kommt der Hund gleich mit den Stangen in Berührung. Er lernt über die Stangen zu steigen. Diese Methode erfordert eine andere Beinarbeit des Hundes. Er muss die Beine einzeln setzen, während er bei der anderen Methode auch seitlich springen kann. Nach und nach werden die Stangen bis zur Senkrechten aufgerichtet, bis der Hund auch hier zu schlängeln beginnt.

Zunächst werden wieder die letzten Stangen ganz gerade aufgestellt, so dass der Hund langsam an das ganze Gerät gewöhnt wird. Bei dieser Art den Slalom zu erlernen, können die gleichen Schwierigkeiten auftreten wie oben beschrieben. Dann ist der Hund auf die Hilfe des Hundeführers angewiesen. Manchmal ist es schwierig, das Erlernen des Slaloms zu vermitteln. Bis jetzt hat es aber noch jeder Hund gelernt.

Als Trainer bevorzuge ich die V-Methode sicherlich, weil mein Hund damit den besten Erfolg hatte. Wichtig ist, dass der Hundeführer sich mit einer Methode identifizieren kann. Es gibt Hundeführer, welche die alte Methode anwenden, weil ihrer Meinung nach von vornherein das Fädeln geübt werden sollte. Für sie wäre es das größte Problem, den Hund geradeaus durch eine Stangengasse zu schicken.

Das wichtigste ist, dass mit einer Methode das Ziel angestrebt und erarbeitet wird. Hat der Hund das Gerät als solches verstanden, kann man zur Verfeinerung der Technik auch zwischen den Methoden wechseln.

Die Bedeutung der Körpersprache

Die verbale Sprache dient uns Menschen in erster Linie der Kommunikation. Ohne sie wäre eine Verständigung in unserer Gesellschaft nicht möglich. Nur so können abstrakte Gedankengänge weitervermittelt werden. Ein weiterer Teil der Verständigung ist die Körpersprache. Mit Mimik, Gestik, Haltung und Bewegungen des Körpers gibt man Signale weiter und drückt Stimmungen aus. Gerade Empfindungen werden über die Körpersprache weitaus ehrlicher und deutlicher vermittelt als durch sprachliche Erklärungen. So erlebt man einladende oder abwehrende Gesten, freundliche und ärgerliche Gesichter, verhaltene und hektische Bewegungen. Beide Arten der Kommunikation miteinander in Verbindung gebracht machen die Ausdrucksweise der Menschen aus.

Auch unsere Hunde können sich verständigen. Da sie nur eine gering entwickelte Lautsprache besitzen, spielt bei ihnen die Körpersprache eine wesentlich größere Rolle. Sie verständigen sich

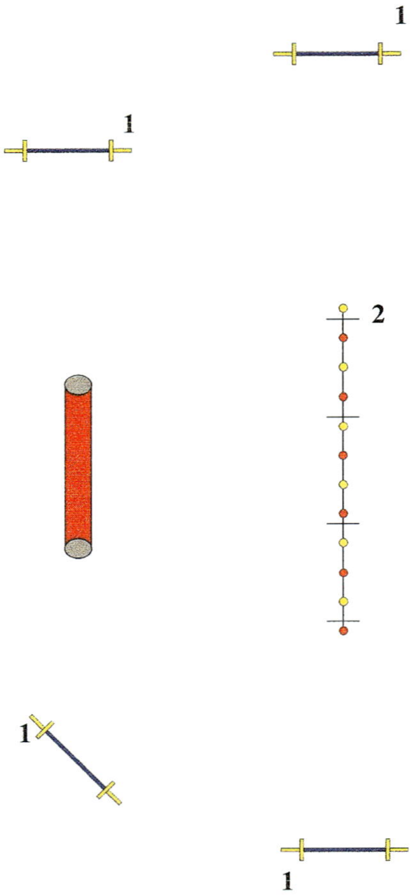

Der Slalom soll vom Hund nach Möglichkeit aus jeder Situation heraus fehlerfrei genommen werden. Das bedeutet, dass ein gründliches Training vorausgehen muss, damit die notwendige Sicherheit vom Hund auch erreicht wird.

Von jedem Hindernis aus sollte das korrekte Einfädeln in den Slalom trainiert werden, wobei der Hund sowohl von der rechten als auch von der linken Seite des jeweiligen Hindernisses in den Slalom geführt wird. Die erste Stange des Slaloms muss sich beim Einfädeln generell auf der linken Schulterseite des Hundes befinden.

Zunächst beginnt das Training mit einem Sprung über eines der Hindernisse 1. Beherrscht der Hund das Einfädeln, gleichgültig von welchem Hindernis er kommt, kann das Training aus schwierigeren Winkeln (z. B. aus der Röhre oder über den Weitsprung kommend) begonnen werden. Sinnvoll ist es, den Slalom zunächst auf sechs Stangen zu verkürzen, damit der Hund nicht überfordert wird.

Kinderleicht erscheint der mit einfachen Mitteln aufgebaute V-Slalom für diese beiden zu sein.

Bei schwierigen Passagen wie Richtungsänderungen ist es wichtig, die Aufmerksamkeit des Hundes frühzeitig durch Hörzeichen oder Geräusche zu erreichen.

Hier wird ein schneller Hund durch das Handzeichen an der Kontaktzone abgebremst.

hauptsächlich über ihre Körpermerkmale wie die Rute, die Ohren oder die Lefzen. Auch das Ducken als Einladung zum Spiel oder das Aufstellen der Haare als Drohung gehören zur Körpersprache. Wollen sich Mensch und Tier verständigen, müssen sie die gegenseitige Körpersprache verstehen lernen.

Ein gravierender Unterschied besteht z. B. in der Mimik. Zeigt der Mensch beim Lächeln die Zähne, ist er freundlich. Zeigt der Hund seine Zähne, droht er. Trotz der geringeren Verständigungsmöglichkeiten ist es der Hund, der sich in seinem Verhalten dem Menschen angepasst hat. Gerade über die Körpersprache registriert er jede Stimmung und reagiert darauf. So darf man sich nicht wundern, wenn der Hund unmotiviert neben seinem Hundeführer her schleicht, wenn dieser mit hängenden Schultern und schleppendem Schritt zum Training geht. Verändert der Hundeführer dagegen seine Körperhaltung, hebt er interessiert den Kopf und spannt die Muskeln, wird der Hund sofort aufmerksam, weil für ihn ja auch etwas Interessantes geschehen könnte.

Die Verständigung über die Körpersprache beim Training beginnt meist unbewusst wie schon beim Anlernen des ersten Gerätes, nämlich des Tunnels. Jeder Sportler benutzt seine Arme und Hände, um dem Hund den Eingang zum Tunnel zu zeigen. Außerdem krümmt er zusätzlich seinen Rücken. Zeigt er immer auf die gleiche Weise in den Tunnel, prägt sich dieses Verhalten dem Hund ein. Da er nach dem Durchqueren des Gerätes belohnt wird, wird er auf diese Geste innerhalb kurzer Zeit reagieren, auch wenn der Tunnel nicht in direkter Nähe liegt.

Ähnliche Gesten kann man an den Kontaktzonen erkennen. Dem Hund wird durch Handzeichen angegeben, dass er bis zum Ende der Zone zu laufen hat. Zur Verstärkung dieses Kommandos bücken sich einige Hundeführer recht tief, andere werden im Bereich dieser Zonen langsam oder steif. Jede Handlung dieser Art ist Körpersprache und gibt bestimmte Signale weiter, auf die der Hund reagieren soll – und das mit richtiger Motivation und regelmäßigem Training. Verändert der Hundeführer sein Verhalten nur minimal, kommt es oft zu Verständigungsschwierigkeiten.

Ein gutes Beispiel sind hier die Probleme an den Kontaktzonen. Beim Anlernen ist der Hundeführer beim Hund. Er führt den Hund über die flach gelegte Wand. An der Kontaktzone wird dem Hund ein bestimmtes Verhalten antrainiert. Der Hund wird z. B. auf der Kontaktzone mit einer Handbewegung und zusätzlichem verbalem Kommando angehalten. Hund und Hundeführer beherrschen diese Situation perfekt. Sie wird immer in der gleichen Art trainiert. Nach einiger Zeit wird die Wand in Verbindung mit einer anderen Trainingseinheit trainiert. Dem Hundeführer gelingt es nicht rechtzeitig, die Hilfe zu geben, die eingeübt wurde. Diesmal nimmt der Hund noch sicher und unbeeindruckt die Kontaktzone. Verändert sich die Körpersprache in der nächsten Zeit häufiger, ist ein Kontaktzonenfehler nicht mehr auszuschließen. Der Hund versteht seinen Hundeführer nicht mehr.

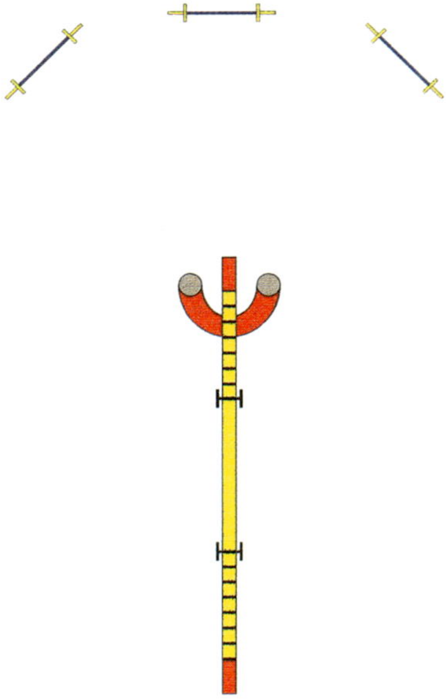

Ziel dieser Übung ist sicheres Führen bei eng gestellten Geräten. Der Hund wird abwechselnd von den Hürden aus in die Röhre bzw. auf das Laufdiel geschickt. Der Hundeführer muss hier besonders auf seine Stellung zu den Geräten und eine eindeutige Körpersprache achten.

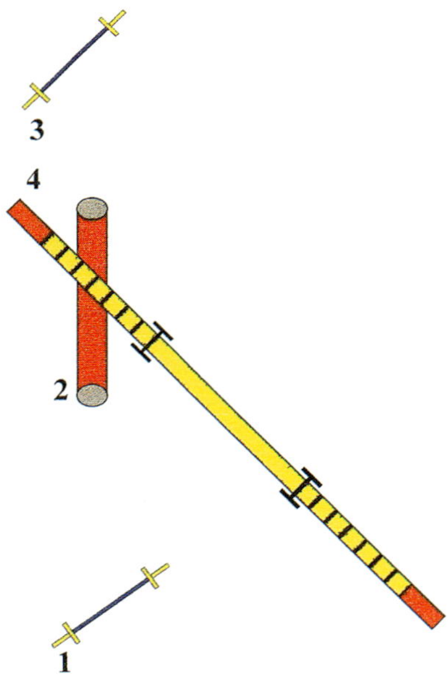

Ziel dieser Übung ist es, dem Hund Sicherheit zu geben, wenn der Hundeführer sich weiter vom Gerät entfernt. Erfahrungen im Training zeigten, dass Hunde aus dem Tunnel zurückkamen, wenn der Hundeführer sich entfernte.

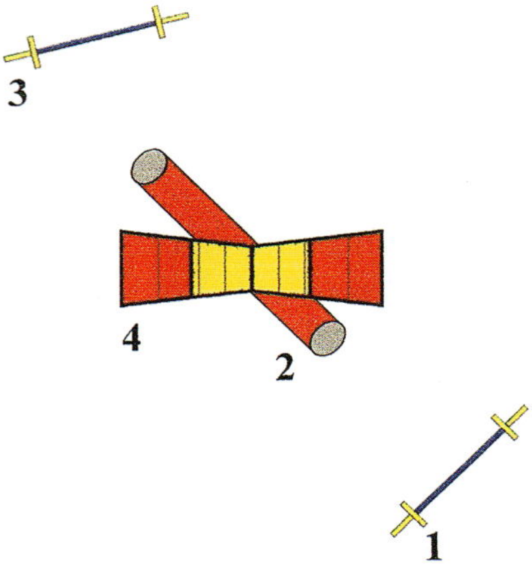

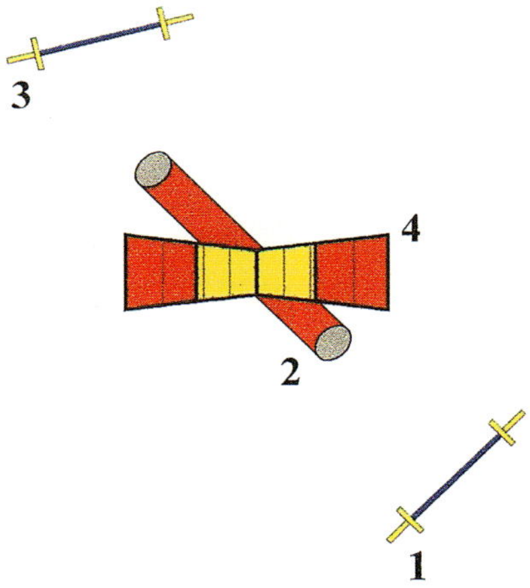

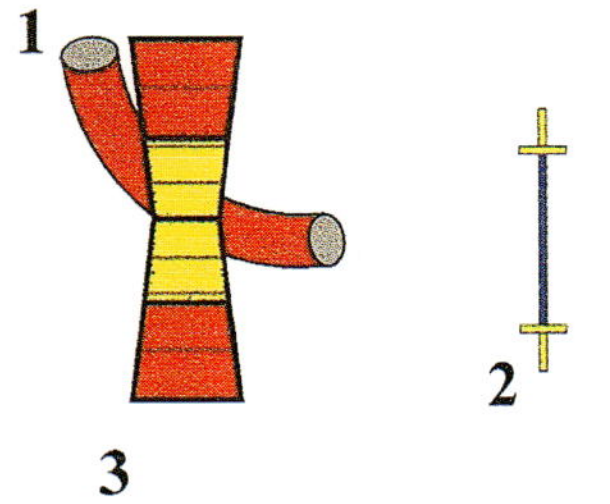

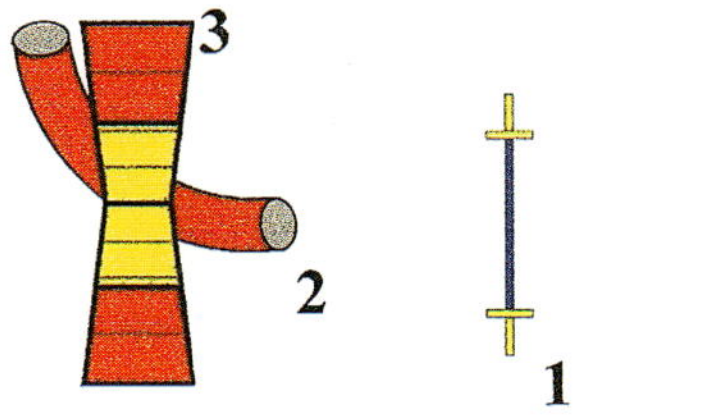

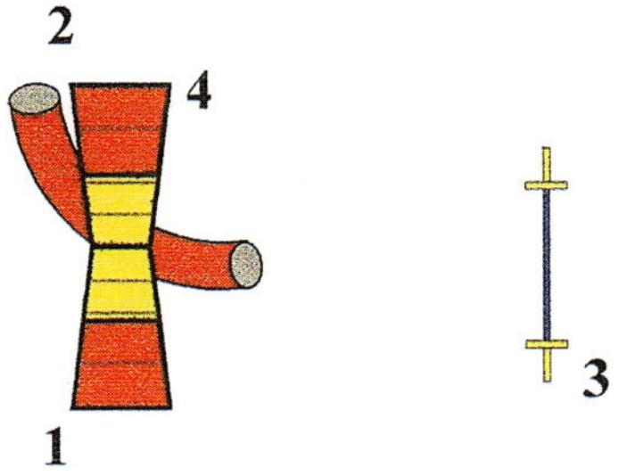

Achtung!
Diese Übungen sind nur für Fortgeschrittene!

Übungen mit Kontaktzonengeräten und Tunnel
Die Zahlen geben die jeweilige Reihenfolge der zu arbeitenden Geräte vor und beschreiben damit die Übungseinheit. Einige dieser Trainingseinheiten wurden als Elemente in Parcours verschiedener Wettbewerbe gestellt.

Arbeiten zwischen den Geräten

Körpersprache wird nicht nur direkt an den Geräten angewendet, sondern ist vor allem auf der Strecke zwischen den Geräten von größter Wichtigkeit. Die Reaktion der Hunde auf Bewegungen der Führer im Verlauf eines Parcours ist ausschlaggebend für gutes Gelingen. Wie schon erwähnt nehmen Hunde Bewegungen sehr schnell wahr und reagieren auch sehr schnell darauf. Die Kontrolle der eigenen Gestik und Bewegungen sind aus diesem Grunde wichtig. Unkontrollierte Bewegungen wie etwa das Fuchteln mit beiden Armen oder ungeschicktes Laufen (Schlangenlinie auf gerader Strecke) sind unbedingt zu vermeiden.

Es gibt keine Patentrezepte zur richtigen Körpersprache, nach dem Motto: Man nehme... Aus diesem Grund werden hier nur bedingt Vorschläge zur Führtechnik beschrieben. Jede Führtechnik ist richtig, wenn der Partner Hund dementsprechend darauf reagiert und das gemeinsame Ziel erreicht wird.

An den Trainingseinheiten, die bewusst zunächst starre Formen in immer anderen Verbindungen aufweisen, lernt der Hundeführer Handzeichen, Körperdrehungen und Schrittfolgen. Der Hund lernt durch Motivation diesen Bewegungen zu folgen. Diese Bewegungen müssen so kontrolliert eintrainiert werden, dass diese Aktion des Körpers immer die richtige Reaktion des Hundes auslöst. Leichte Abweichungen registriert der Hund sofort. Im Laufe des Trainings werden die Teams sicherer, das Erlernte festigt sich und es entsteht die Harmonie, die beim Agility so fasziniert.

Im Laufe einer Agility-Karriere gibt es viele Höhen und Tiefen, die meistens auf verändertes Verhalten des Hundeführers zurückzuführen sind. Hat man die ersten guten Ergebnisse erreicht, strebt man weitere Ziele an. Meistens möchte man die Zeit verbessern. Dadurch werden andere, schnellere Bewegungen nötig, die Abstände zu den Geräten und zum Hund verändern sich. Der Hund muss sich auf die veränderte Führweise einstellen. Oft wird bei veränderter Führweise und dadurch anderer Körpersprache (schnelleres Laufen) das Training nicht genauso konsequent aufgebaut wie zu Anfang, darum erleben viele Teams Rückschläge. Allerdings muss die Entwicklung zu einem guten Agility-Team an diesen Rückschlägen nicht scheitern, sondern es sollte nur ein Zeichen für die positive Entwicklung darstellen.

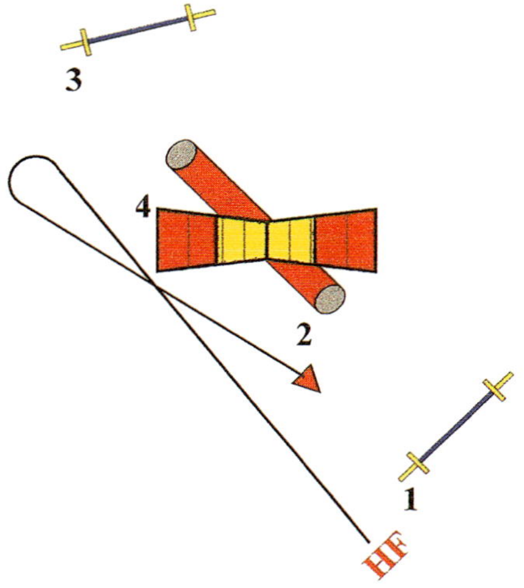

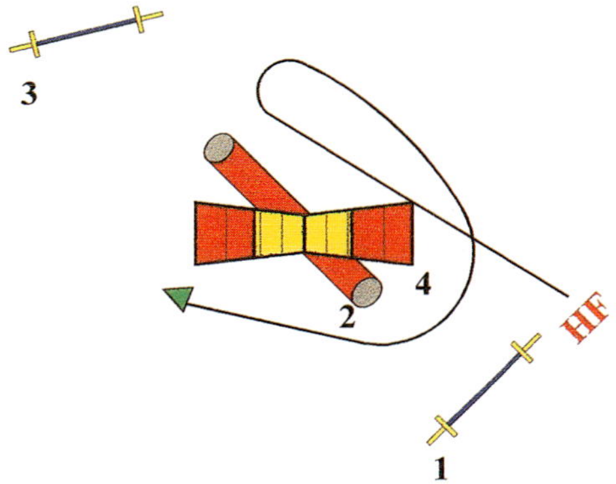

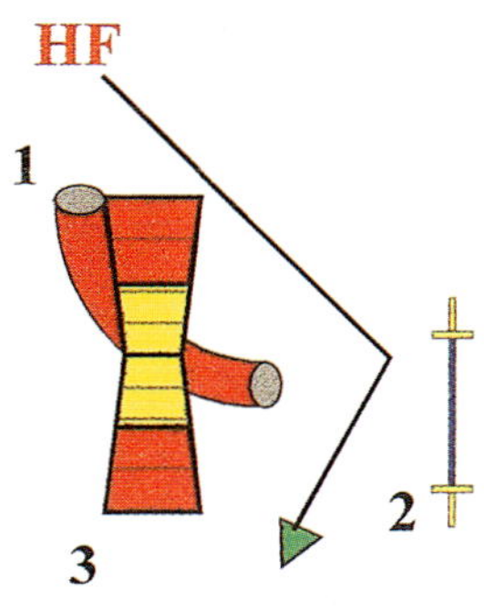

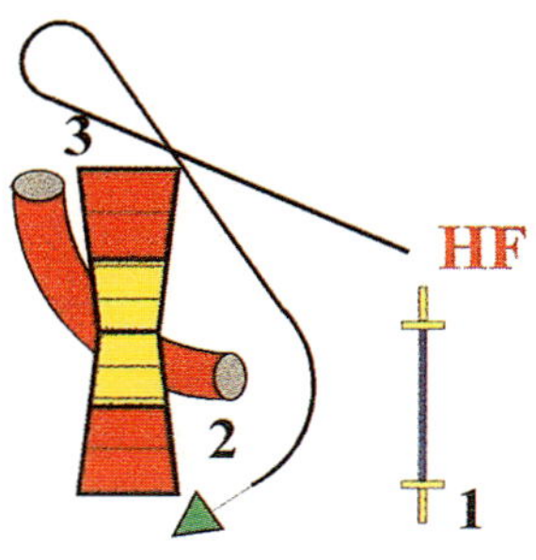

Achtung!
Diese Übungen sind nur für Fortgeschrittene!

Ziel dieser Übung ist das sichere Durchqueren des Tunnels, wenn der Hundeführer sich weiter als gewohnt vom Gerät entfernt. Muss zu Beginn des Trainings der Hundeführer seinen Hund bis fast zum Tunnel begleiten, sollte er bei fortgeschrittenem Training den Hund in den Tunnel schicken und auf etwa gerader Linie in Höhe der Hürden an der Wand vorbeilaufen können.

Parcourstraining

Beherrscht der Hund das Springen und die Geräte, werden einzelne Parcoursabschnitte trainiert.

Der Einsprung

Jeder Parcours beginnt mit dem Einsprung. Dieser muss aus allen Situationen beherrscht werden. So muss es möglich sein, den Hund warten zu lassen, um ihn abzurufen. Er muss den Sprung beherrschen, wenn mit ihm gestartet wird oder wenn er über diesen Sprung geschickt wird, damit der Hundeführer eine günstigere Position erreichen kann, wobei letzteres sehr selten ist. Für einen triebstarken Hund ist das Warten bis zum Start sehr schwierig. Gerade für solche Hunde ist aber das Abwarten notwendig, da sie im Parcours sehr schnell sind und der Hundeführer von Beginn an die richtige Position benötigt, um den Hund optimal zu führen. Trainiert wird darum zunächst der erste Sprung.

Der Hund wird mit dem Kommando „Bleib“ vor dem Sprung abgesetzt. Dabei muss auf den richtigen Abstand vor dem Sprung geachtet werden. Der Abstand muss so groß sein, dass der Hund ohne Stangenabwurf darüber springen kann. Mit Schrittlängen kann sich der Hundeführer diesen Abstand gut merken. Dies ist ganz wichtig, vor allem für die ersten Turniere. Zu wissen, was dem Hund zuzumuten ist, gibt Sicherheit in der Führweise. Ist der Hund sicher abgesetzt, geht der Hundeführer ohne zu zögern auf seinen Platz. Zeigt der Trainer an, dass der Hund ruhig – ohne zu wibbeln – sitzen geblieben ist, bekommt er das Kommando zum Start. Nach dem ersten Sprung wird aber zunächst abgebrochen und für das korrekte Verhalten gelobt. Dann wird die Übung wiederholt.

Der Hund darf die kurze Übungseinheit arbeiten, wenn er abermals korrekt sitzen geblieben ist. Sollte der Hund nicht sitzen bleiben, wird in kleinen Schritten das Bleiben eingeübt. Der Hund wird abgesetzt, der Trainer kontrolliert das Verhalten, wenn es nötig ist, mit der Leine. Der Hundeführer bewegt sich einen Schritt vom Hund weg nach vorne in Richtung Parcours, verharrt einen Moment, geht zum Hund zurück und spielt ausgiebig mit ihm. Dem Hund wird dadurch vermittelt, dass der Parcours nicht immer das nächste Interessante ist, was nach dem Absitzen folgt. Diese Übung muss so abwechslungsreich wie möglich gestaltet werden. Der Hund muss lernen, sich ganz auf den Hundeführer zu konzentrieren und auf das Startzeichen zu warten, gleichgültig ob zum Spiel oder zur Parcoursarbeit.

Auch beim gleichzeitigen Starten von Hundeführer und Hund muss auf Verhaltensabläufe geachtet werden. Der Hund steht in der gleichen Position neben dem Hundeführer. Der Hund soll über den Sprung setzen. Der Hundeführer muss sich um den Sprung herum bewegen. Er bewegt sich dabei nicht geradeaus, sondern weicht dem Sprung rechts oder links aus. Der Hund bekommt das Signal, sich in diese Richtung zu bewegen, da er der Körpersprache eher folgt als den verbalen Kommandos. Der Hundeführer, der mit seinem Hund gleichzeitig starten möchte, muss sich trotzdem auf eine Position begeben können, ohne dass er den Hund durch seine Bewegung irritiert. Er kann auf gleicher Höhe mit dem Hund stehen, aber mit einem seitlichen Abstand, der es ermöglicht, durch die Bewegung gleichzeitig den richtigen Weg anzuzeigen.

Gerade beim Start sollte das Wesen des Hundes berücksichtigt werden. Hunde, die unsicher werden, wenn der Abstand zum Hundeführer zu groß wird, haben wahrscheinlich einen besseren Start, wenn sie gemeinsam mit dem Hundeführer starten können. Persönlich habe ich Probleme, wenn mein „Bleib"-Kommando von der Intensität zu stark war. Es kostet dann viel Zeit, bis Nat richtig anfängt zu laufen. Aus dem Grund starte ich, wenn der Parcours es erlaubt, mit geringem Abstand zu meinem Hund.

Richtig abgesetzt sieht der Hund das Gerät, welches er nach dem Einsprung als nächstes nehmen soll. Das ist nicht immer der nächste Sprung geradeaus. Ist ein Hund sprungsicher, springt er auch ein Hindernis, wenn er diagonal zum Sprung gesetzt wird. So kann er optimal abgesetzt werden, um einen guten Start zu bekommen. Für Hund und Hundeführer ist ein guter Start die Chance, erfolgreich über den Parcours zu kommen. Fällt die erste Stange, ist das Team häufig schon demoralisiert.

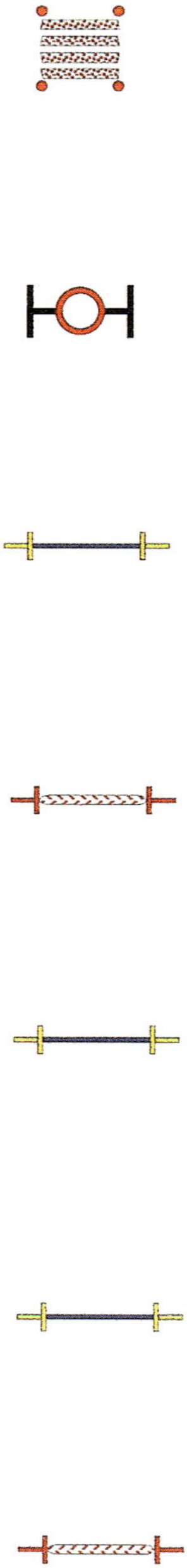

Diese Geraden weisen verschiedene Schwierigkeitsgrade auf.
Die erste Gerade beginnt nach dem Tisch mit dem Reifen. Der Hund muss sich aus der erhöhten Position des Tisches gleich auf den Mittelpunkt des Reifens konzentrieren. Dies ist für ungeübte Hunde keine leichte Aufgabe.
Es schließt sich die Folge von geschlossenen und offenen Sprüngen an. Insbesondere der geschlossene Sprung vor dem Kontaktzonengerät fordert hohe Konzentration und Geschwindigkeitsänderung aus vollem Lauf. Hier muss der Hundeführer zur Stelle sein, um den Hund zu kontrollieren.
Bei der zweiten Geraden entwickelt der Hund durch die Position des Tunnels von vornherein eine sehr hohe Geschwindigkeit, die sich durch den Weitsprung noch vergrößert. Es besteht die Gefahr, dass beim nächsten Sprung die Stange fällt, weil der Hund, bedingt durch die Schnelligkeit, das Hindernis zu flach angeht.

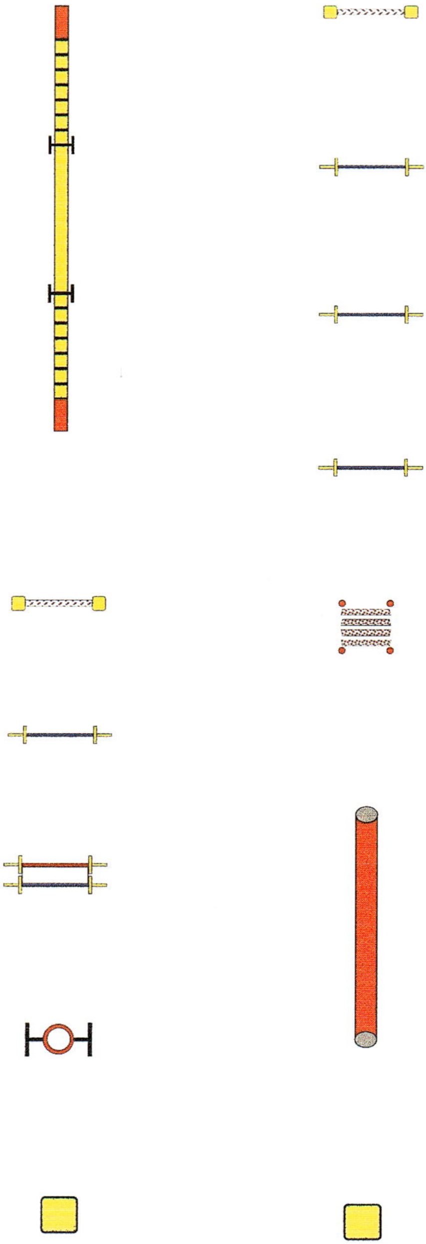

Training kleiner Parcourseinheiten

Es gibt in den Parcours Kombinationen, die in veränderter Form immer wieder vorkommen. Dazu zählen eine lange Gerade, das Quadrat, der Kreisel und Hürden in einer Reihe (Parallelsprünge) sowie die Treppe. Diese Kombinationen müssen gut eingeübt werden. Zunächst sollten Abläufe an diesen Kombinationen automatisiert werden. Der Hund muss lernen, auf vorgegebene Signale in einer bestimmten Weise zu reagieren. Bekommt der Hund das Signal in Form von Hörzeichen und Körpersprache für „Voraus", hat er so lange voraus zu gehen, bis ein anderes Kommando dieses auflöst.

Die Gerade

Die Gerade ist eine Kombination aus mehreren Geräten, die hintereinander aufgestellt den Hund in eine Richtung führen.

Gutes Vorausarbeiten ist eine notwendige Voraussetzung für eine Gerade und kann mit Hilfe von Zielpunkten antrainiert werden. Am Ende der Geraden legt man gut sichtbar das Motivationsmaterial hin (z. B. den Ball, die Beißwurst oder das Leckerchen). Geht der Hund gerne auf den Tisch, kann auch der Tisch ans Ende gestellt werden, damit er nochmals einen Motivationsschub erhält.

Wichtig ist es, auf den eigenen Körper und die Art der Kommandos zu achten. Vor der Übung sollte der Hundeführer ein klares Bild vom Ablauf der Übung haben. Er muss wissen, aus welcher Position der Hund startet, welches verbale Kommando er benutzen möchte, welche Hand bzw. welcher Arm dem Hund die Richtung anzeigt und auf welcher Linie er laufen muss. Häufig ist für den Hundeführer das Geradeauslaufen eine der schwierigsten Übungen. Der Hund antwortet auf Schlangenlinien auch mit Schlangenlinien und läuft am Sprung vorbei.

Für Trainer ist loser Bodenbelag ideal. Im frisch geharkten Bodenbelag zeigen Fußspuren, welchen Weg der Hundeführer wirklich gelaufen ist. Der Hund mit seiner viel differenzierteren Beobachtungsgabe reagiert auf alle Abweichungen.

Sicheres, schnelles Arbeiten auf Sprunggeraden kann trainiert werden, indem verschiedene Sprünge in unterschiedlicher Sprunghöhe und unterschiedlichen Abständen aufgebaut werden.

Das können fünf und mehr Sprünge sein. Alle Varianten des Führens sollten geübt werden: das Abrufen, das Mitlaufen und das Vorausschicken. Achtung, auch hier ist das Timing wichtig!

Fallen Stangen, sollte das Team gut beobachtet werden. Hierbei kann eine Filmkamera gute Dienste leisten. Fallen Stangen, weil der Hund zu schnell ist, kann durch weniger Motivation oder Zurückbleiben des Hundeführers die Geschwindigkeit reduziert werden. Man kann auch den Hund eventuell aus der Geraden herausrufen, damit der Drang nach vorn nicht zu groß wird und der Hund mehr auf den Hundeführer achten muss.

Bekommt der Hund Kommandos, bei denen das Timing nicht stimmt, kann selbstbestimmtes Springen eine Hilfe sein. Der Hundeführer gibt in diesem Fall nur die Richtung an und lässt das Sprungkommando weg. Der Hund sollte nun versuchen, seinen Absprungspunkt zu finden. Dieses gelingt meist nicht auf Anhieb, wenn er sich bisher auf seinen Führer verlassen hat, ist aber von großem Vorteil, da der Führer sich besser auf den Parcours konzentrieren kann. Gerade bei diesem Training lernt der Hund, Höhen und Abstände richtig einzuschätzen. Ein konditionsstarker Hund kann solch eine Gerade mehrmals hintereinander laufen. Nach meinen Erfahrungen ermüdet dieses Laufen nicht so stark wie eine Übung, die gleichzeitig Konzentration auf den Hundeführer erfordert.

Diese Übung macht den Hunden sehr viel Spaß, da sie Wettkampfcharakter hat und der Hund fast immer gewinnt. Eine lange Gerade mit Tunnel oder Kontaktzonengeräten am Ende eines Parcours entscheiden häufig über Sieg oder Niederlage, weil die Schwierigkeit der Geraden unterschätzt wird, der Hund im Laufe von Wettkampferfahrungen oft schon das Ziel erkennt und schneller wird. Der Weg kann nicht abgekürzt werden und der Hundeführer muss die gleiche Strecke wie der Hund laufen, damit er an den Kontaktzonen dem Hund die notwendige Unterstützung geben kann.

Das Hürdenkreuz

Das Hürdenkreuz oder der Kreisel (der Hund bewegt sich im Kreis durch diese Kombination) besteht aus vier Hürden, die in Form eines Kreuzes aufgestellt werden. Es ist häufig ein weiterer Par-

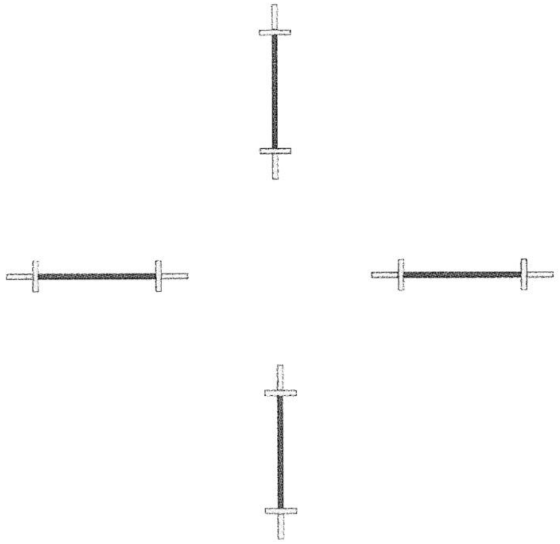

Kreisel oder Hürdenkreuz

coursteil, der in verschieden Varianten aufgestellt wird. Aufgestellt als ganzer Kreisel oder nur drei Hindernisse daraus, eng zusammengestellt oder auseinander gezogen, symmetrisch oder asymmetrisch oder manchmal in Verbindung mit dem Hürdenquadrat ist es nicht einfach, das Hürdenkreuz immer als solches zu erkennen.

Zunächst wird das Hürdenkreuz aus vier zueinander im gleichmäßigen Abstand stehenden Hürden trainiert. Der Hund muss lernen, sich in dieser Kombination zu bewegen. Von innen nach außen verändert sich der Abstand zwischen den Hürden. Damit die Stangen nicht fallen, muss der Hund die richtige Sprungtechnik anwenden. Je nach Möglichkeit des Hundes ist der Kreis über die Hürden größer oder kleiner. Während die Mini-Hunde den kleineren Innenkreis springen, müssen sich größere Hunde weiter außen bewegen, damit sie zwischen den Hürden genügend Raum haben.

Um diese Technik zu lernen, ist die klassische Methode, wie sie Ruth Hobday beschreibt, ideal. Sie bietet dem Hund sehr viel Hilfe. Der Hund wird im Kreuz vor einer Hürde in Position gebracht. Zunächst liegen die Stangen niedrig. Der Hundeführer stellt sich in den Mittelpunkt und lockt den Hund mit Motivation, im Kreis über diese Hürden zu springen. Von Vorteil ist es, wenn das Zentrum etwas auseinander gezogen ist, so dass der Hundeführer ei-

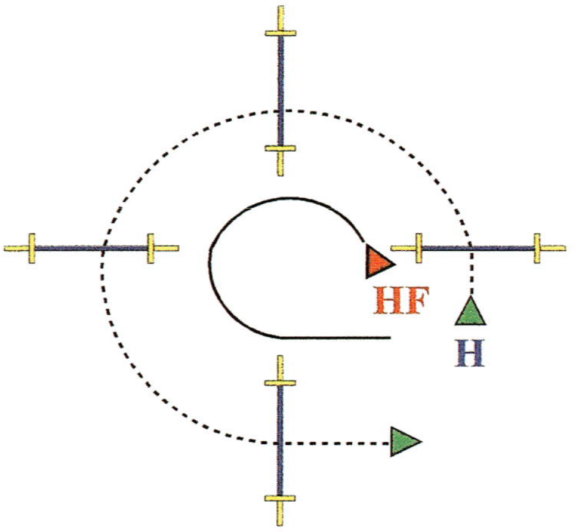

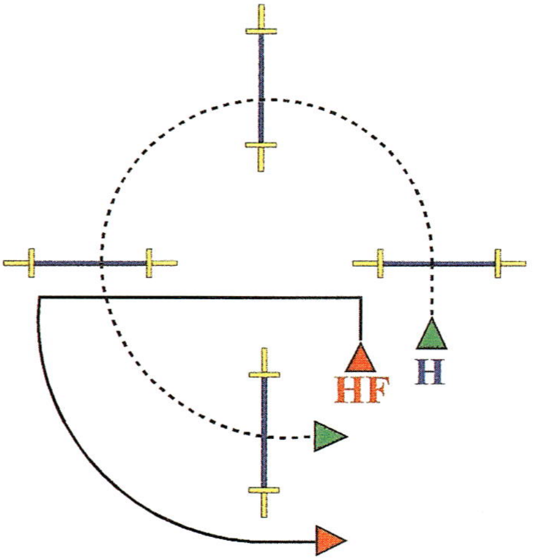

Die Abbildungen der drei Kreisel zeigen verschiedenen Arten des Führens.
Die erste Abbildung zeigt die Führweise, wie sie unter „Training kleiner Parcourseinheiten" beschrieben wird und zum Anlernen notwendig ist. Der Hund befindet sich immer auf der gleichen Seite des Hundeführers, hier auf der rechten Seite. Die Laufarbeit des Hundeführers ist gering.
Die zweite Abbildung zeigt eine Führweise, die anwendbar ist, wenn der Hund schon selbstständig den nächsten Sprung annimmt. Zunächst befindet sich der Hund auch hier auf der rechten Seite des Hundeführers. Hat der Hundeführer seine Position am dritten Hindernis erreicht, muss er sich einige Schritte rückwärts bewegen und den Hund auf sich zu arbeiten lassen. Durch eine Drehung in Richtung des ersten Hindernisses oder Kreisels und Führhandwechsel befindet sich der Hund nun auf der linken Seite seines Führers. Bei dieser Führweise kann der Hundeführer durch mehr eigene Bewegung den Hund besser motivieren.

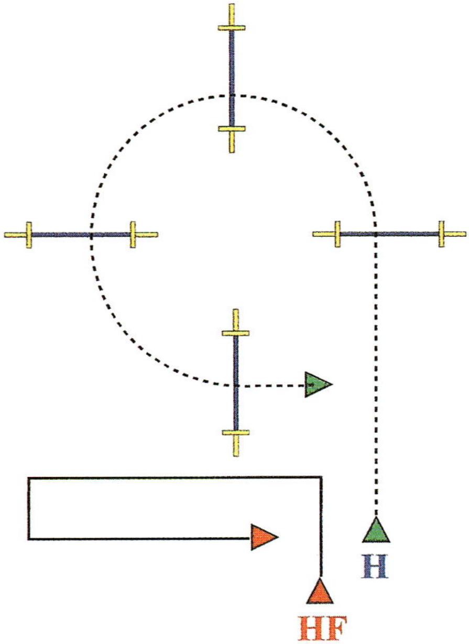

Der Hund hat ein ausreichendes Tempo, so dass er selbstständig in den Kreisel läuft und der Hundeführer den Hund von außerhalb durch entsprechende Körpersprache leiten kann. Auch hier wird der Hund zunächst rechts geführt und arbeitet anschließend kurz auf den Hundeführer zu. Der Hundeführer muss eine Drehung mit Führhandwechsel vollziehen, um anschließend den Hund auf seiner linken Seite weiter zu führen.

nen kleinen Kreis laufen kann. Hierbei ist darauf zu achten, dass die Körperhaltung jedesmal die nächste Hürde anzeigt. Hand, Arm, Schulter und vor allem für kleine Hunde die Füße müssen einen Kreis beschreiben. Ist der Hund auf die Hand fixiert, weil er aus ihr immer das Leckerchen erhält, muss unbedingt darauf geachtet werden, dass sich mit dem Körper auch die Hand in Kreisrichtung bewegt und nicht herauszeigt. Der Hund würde der Hand sonst folgen und geradewegs aus dem Kreisel heraus laufen.

Die klassische Variante des Führens, wie sie Ruth Hobday beschreibt, verändert sich mit den Erfahrungen, die Hund und Hundeführer im Laufe des Trainings und von Wettkämpfen machen, und steht fast immer in Verbindung mit dem Schnellerwerden des Hundes. Ist der Hund sehr schnell und arbeitet mit einem größerem Abstand, gelingt es dem Hundeführer häufig nicht mehr, in die Mitte des Kreisels zu laufen, um den Hund von dort zu führen. Der Hundeführer sollte dann eine Möglichkeit eingeübt haben, den Hund aus dieser Distanz zu führen.

Der Hund springt das erste Hindernis des Kreisels. Der Hundeführer bewegt sich außerhalb des Kreisels wie im Spiegelbild in gleicher Hindernisfolge wie der Hund. Der Kreisel soll rechts herum gelaufen werden, daher beschreibt der Hundeführer einen kleinen Kreis rechtsherum außerhalb des Kreisels. Er gibt von außen seinem Hund zu verstehen, dass dieser parallel zu ihm die Kombination zu laufen hat. Im Training sollte diese Übung rechts und links herum geübt werden.

Diese Art zu führen wird häufig als „Freestyle" bezeichnet. Heute werden viele Hunde so geführt. Sie bietet den Vorteil, dass sehr schnell gearbeitet werden kann, birgt aber die Gefahr, wenn der Hundeführer nicht auf die hundertstel Sekunde genau reagiert, dass andere Geräte, die nicht in die Reihenfolge gehören und zur Auswahl stehen, vom Hund genommen werden. Das bedeutet dann, dass das Team disqualifiziert wird.

Das Quadrat

Das Quadrat besteht aus vier Hürden. Der Abstand zwischen den Hürden kann jeweils fünf bis acht Schritte betragen. Es bietet von der Art der Aufstellung nicht so viele Variablen wie das Hürdenkreuz, aber unzählige Möglichkeiten der Aufgabenstellung.

Betrachtet man das Quadrat, bildet es zunächst jeweils eine Gerade aus zwei sich gegenüber stehenden Hürden. Aus je zwei Hürden werden über Eck Winkel gebildet, die ein Führen ähnlich wie im Kreisel ermöglichen. Der Hundeführer kann vom Zentrum aus mit dem Hund arbeiten oder von einer Position außen. Durch

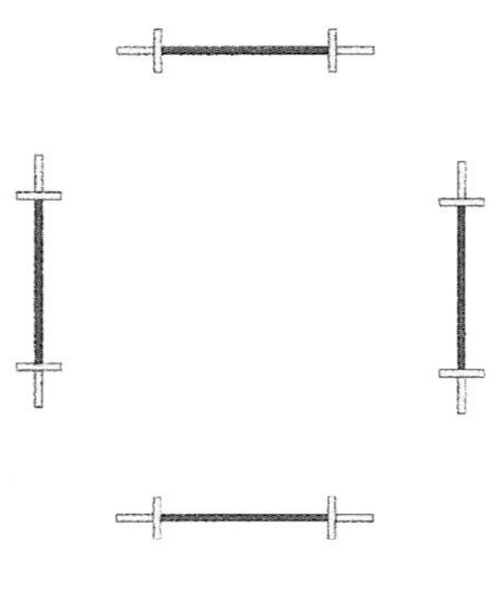

Quadrat

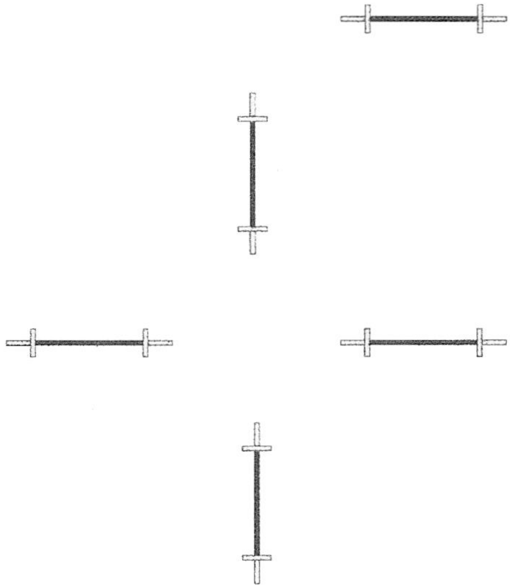

Kreisel ergänzt um das Quadrat

die Vielfältigkeit ergibt sich ein großes Repertoire an Trainingsmöglichkeiten.

Da sich auf engem Raum viele Richtungsänderungen anbieten, werden die Aufmerksamkeit und dadurch die Führigkeit des Hundes trainiert. Wichtig sind hier richtige Führhandwechsel bedingt durch ständige Richtungsänderungen. Es können Kommandos wie „Rechts“ und „Links“ verwendet werden. Dabei sollte der Hundeführer aber bedenken, dass der Hund oft spiegelbildlich zu ihm arbeitet.

Es ist sinnvoll, ein neues Kommando einzuüben, und zwar ein Kommando, welches den individuellen Arbeitsabstand zwischen Hund und Hundeführer vergrößert. Es ist ein „Geh-von-mir-weg“-Kommando. Es bewirkt, dass der Hund weit genug über die Winkel hinaus läuft, damit er genügend Schwung bekommt, um den nächsten Sprung zu bewältigen. Es gibt bei verhaltener Bewegung des Hundeführers, bedingt durch die geringe Bewegungsfreiheit im Quadrat, dem Hund Dynamik und die Sicherheit, sich weiter weg zu bewegen.

Es ist nicht gleichzusetzen mit „Voraus“. Das „Voraus“-Kommando heißt aus der Sicht des Hundes „Geradeaus“, wobei der

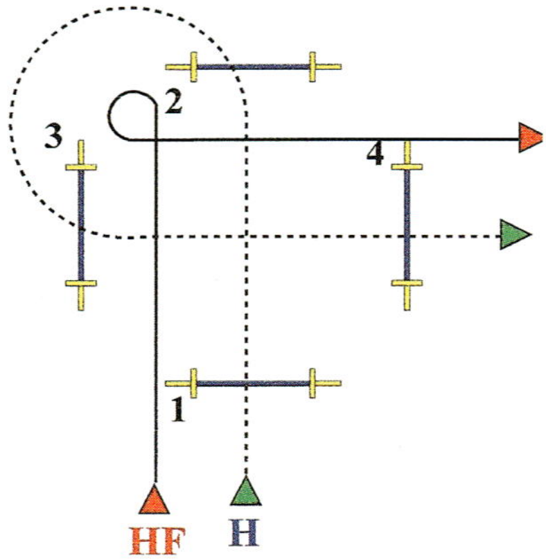

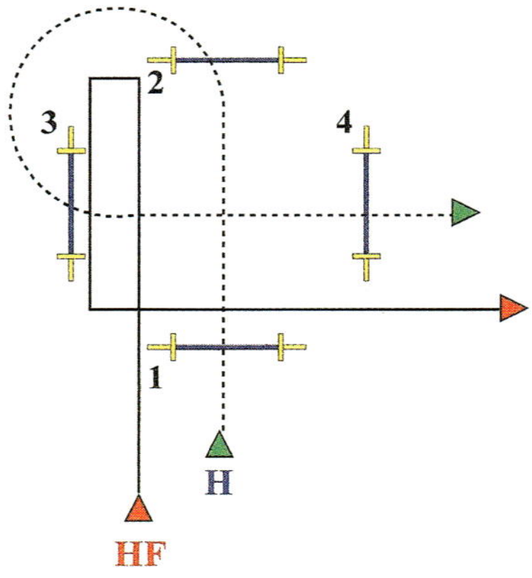

Diese Abbildungen zeigen bei gleicher Aufgabenstellung verschiedene Führweisen. Die erste Zeichnung zeigt eine Möglichkeit, die für den Anfängerhund sinnvoll ist. Der Hund wird hier ausschließlich auf der rechten Seite des Hundeführers geführt.
Die zweite Abbildung zeigt eine Führweise, bei welcher der Hundeführer mehr läuft. Er muss hierbei eine Drehung und einen Führhandwechsel vollziehen. Der Hund läuft zunächst rechts von ihm und arbeitet dann auf der linken Seite des Hundeführers die Kombination zu Ende. Diese Methode ist geeignet für Hunde, die sich durch die Bewegung des Hundeführers gut motivieren lassen.

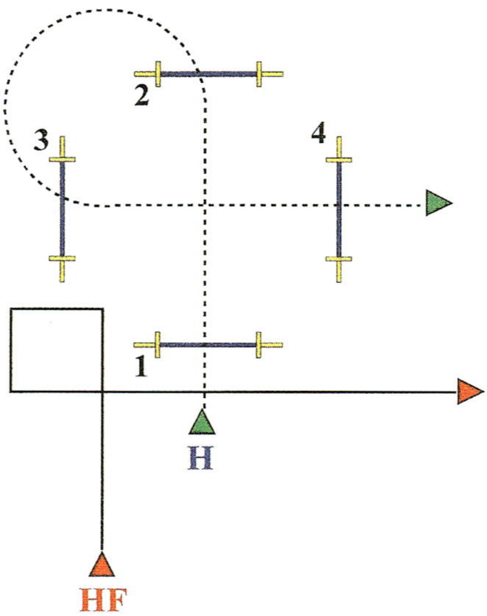

Diese Abbildung zeigt eine Führweise, die bei schnellen, triebstarken Hunden angewendet werden kann. Der Hund arbeitet relativ weit vom Hundeführer entfernt. Der Hundeführer leitet den Hund von außen durch das Quadrat. Der Hund wird voraus geschickt und durch einen Drehung mit Führhandwechsel über die anderen Hindernisse geleitet. Der Hundeführer hat durch diese Art des Führens selbst einen kurzen Weg zurückzulegen.

Aufmerksam schaut der Hund zum Hundeführer, um möglichst frühzeitig den weiteren Weg durch den Parcours zu erkennen.

Hundeführer sich hinter dem Hund befindet. Das „Geh weg“ bedeutet, einen Abstand zum Hundeführer in gleicher Laufrichtung zu entwickeln.

Im engen Quadrat hat der Hund oft nur einen Zwischensprung bis zur nächsten Hürde. Soll ein Richtungswechsel stattfinden, muss der Hund vor der Landung darauf aufmerksam gemacht werden. Landet der Hund nach einem Sprung und drückt gleichzeitig zum nächsten Sprung ab, hat er keine Chance mehr, seine Richtung zu ändern. Durch Kontrolle beim Training sollte dem Hundeführer bekannt sein, ob er den Hund beim Abdrücken vor dem Sprung oder während der Flugphase über dem Sprung anzusprechen hat (Timing), um einen Richtungswechsel einzuleiten. Sinnvoll ist hier die Kontrolle mit Hilfe einer Videokamera.

Beim Führen über die Winkel von innen nach außen ist zu bedenken, dass der Hund oft schräg über eine Hürde wieder ins Zentrum zurückkommt. In diesem Fall kann die Sprungrichtung auch nicht durch optimales Ansprechen korrigiert werden, da der Hund die Flugrichtung um ca. 90 Grad ändern müsste. Um das Fallen von Stangen zu vermeiden, sollte hier das „Geh-weg“-Kommando angewendet werden. Geht der Hund weit genug nach außen, hat er die Möglichkeit, sich vor dem Sprung gerade zu richten und diesen ohne Fehler zu bewältigen. Wichtig ist es, den Hund über den Winkel durch zu forsche Drehung nicht aus den Augen zu verlieren. Er könnte durch die Lücke wieder ins Zentrum zurückkommen, ohne den geforderten Sprung genommen zu haben.

Hin und wieder wird im Parcours die Aufgabe gestellt, den Hund zwischen zwei Hürden durchzurufen. Auch das ist eine Übung, die am Quadrat gut trainiert werden kann, da sich über die Winkel natürliche Lücken bilden und der Hund den nächsten Sprung nicht gleich sieht. Er lernt, eng um eine Hürde zu laufen und direkt zum Hundeführer zurückzukommen. Immer ist das Timing wichtig. Der Hund muss im richtigen Moment die richtige Hilfe bekommen, um das gemeinsame Ziel zu erreichen.

Parallelsprünge

Sprünge in einer Reihe nebeneinander als einzelne Einheit lassen den Hund zunächst ins Leere springen. Der Hund sieht den nächsten Sprung, den er zu nehmen hat, nicht. Um das richtige Hindernis zu nehmen, ist er auf die Hilfe des Hundeführers angewiesen. Optimal ist die Bewältigung dieser Kombinationen in Form von Schlangenlinien. Steht das Team vor dem ersten Hindernis und hat die Parallelsprünge von rechts nach links oder umgekehrt zu überspringen, bleibt der Hundeführer auf einer Seite der Kombination. Der Hundeführer läuft Bögen, mit entsprechender Körperdrehung, die dann Schlangenlinien bilden. Dabei ist dem Hund genügend Raum für seine Sprünge zu lassen, damit das Team nicht kollidiert. In dieser Kombination arbeitet der Hund auch in Front zum Hundeführer. Das „Geh weg"-Kommando ist hier besonders gut anzuwenden, da es einen ständigen Wechsel von Herankommen und Weggehen in dieser Kombination gibt.

Üblicherweise wird der Hund mit der Hand geführt, die dem Hund am nächsten ist, das heißt, läuft der Hund auf der rechten Seite, führt die rechte Hand den Hund oder umgekehrt. In dieser Kombination kann es sinnvoll sein, dass die entgegengesetzte Hand die Richtung angibt.

Beispiel: Die Kombination ist von rechts nach links zu springen. Der Hund wird schräg zum ersten Sprung angesetzt. Er befindet sich auf der rechten Seite des Hundeführers. Mit dem Kommando „Voraus" und mit der rechten Hand wird der Hund über den ersten Sprung geschickt. Jetzt dreht der Hundeführer den Körper und den rechten Arm vom Hindernis weg mit gleichzeitigem Kommando „Links" oder „Zu mir". „Zu mir" ist ein Kommando ähnlich wie das „Hier" aus der Unterordnung. Es fordert das Herankommen, aber ohne Abschluss mit dem Vorsitzen. Der Hund kommt über das zweite Hindernis zurück. Jetzt dreht sich der Hundeführer wieder zum nächsten Hindernis und nimmt die linke Hand, um den Hund über diesen Sprung zu schicken. Benutzt der Hundeführer diese Hand, sind die Drehung und der Ausdruck für den Hund stärker und klarer. Die Entscheidung, welche Hand verwendet wird, ist abhängig vom weiteren Parcoursverlauf. Findet der Hund die optimale Linie, sieht diese Kombination leicht und flüssig aus.

Die Treppe

Wenn eine Treppe seitlich betrachtet wird, erkennt man Höhe und Breite der Stufen. In dieser Form sind die Hürden dieser Kom-

Parallelsprünge

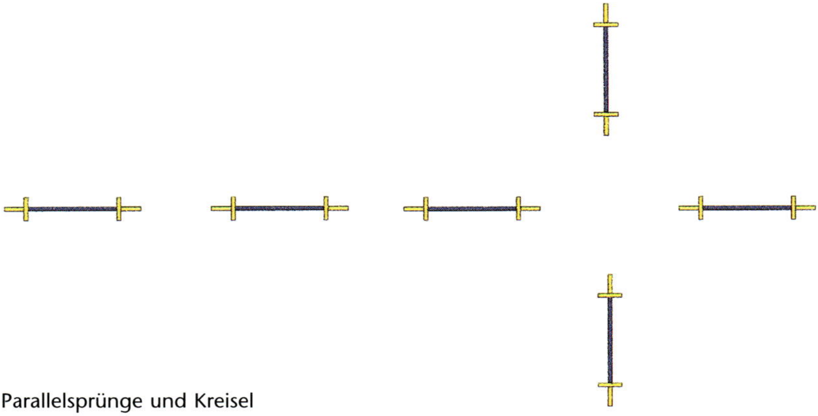

Parallelsprünge und Kreisel

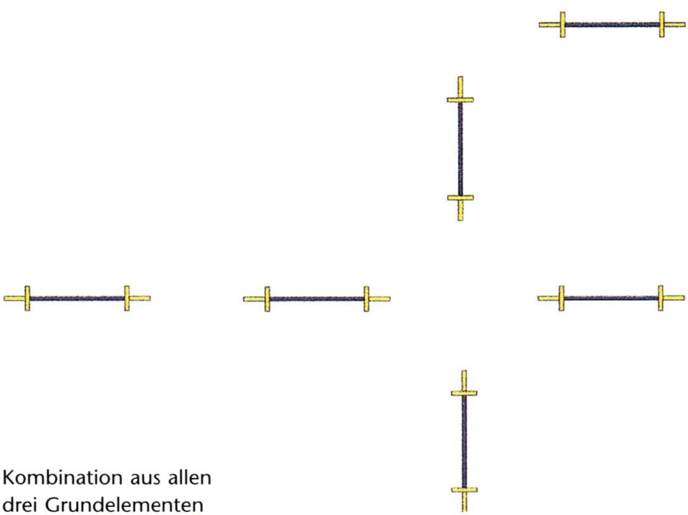

Kombination aus allen
drei Grundelementen

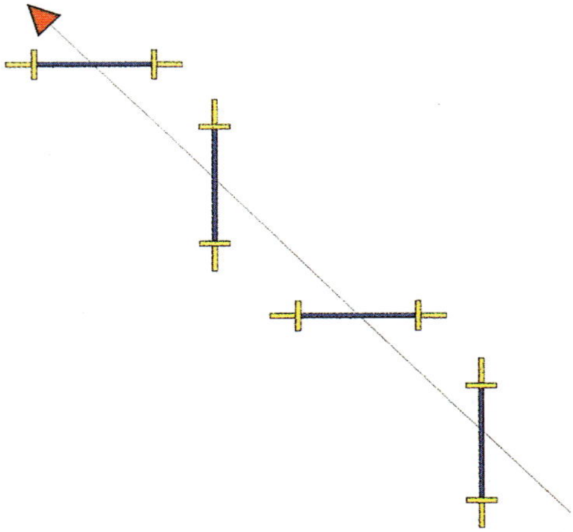

bination aufgebaut. Die Stufen können gleichmäßig, aber auch ungleichmäßig aufgestellt sein, so dass sich der Abstand zwischen den einzelnen Stufen verändert. Die Laufrichtung für den Hund ist bei gleichmäßig aufgebauten Stufen bei richtigem Hinsehen eine Gerade. Der Hund muss nicht jedesmal eine Richtungsänderung vollziehen.

Zunächst wird mit dem Anfängerhund eine gleichmäßige Treppe eingeübt. Der Hund wird schräg zum ersten Hindernis gesetzt. Der Hundeführer stellt sich zwischen das erste und zweite Hindernis, um den Hund über die Hindernisse zu locken. Er muss darauf achten, dass auch er die gerade Linie läuft. Er beeinflusst durch seine Laufrichtung die Laufrichtung des Hundes.

Als ich mit zwei in der Leistung unterschiedlichen Gruppen diese Übung trainierte, beobachtete ich, dass Hunde, die etwas Erfahrung haben, diese Sprünge sofort als eine Gerade annahmen. Diese Hunde waren etwa eineinhalb Jahre alt und trainierten seit der Welpenzeit mit mir. Die Hunde der anderen Gruppe waren etwa gleichaltrig, sie begannen das Training nach der Welpenschulung und einem Erziehungskurs mit etwa sechs Monaten. Diese Hunde nahmen zunächst den Quersprung nicht an. Trotz richtiger Laufrichtung des Hundeführers mogelten sie sich an dem Hindernis vorbei.

Aufgrund dieser Beobachtung lernten die Hunde zunächst, die Hindernisse einzeln zu springen. Sie wurden schräg vor das erste Hindernis gesetzt und abgerufen und nach erfolgreichem Sprung ausgiebig gelobt. Dann wurde das zweite Hindernis mit einbezogen. Die Hunde wurden schräg vor dem ersten Hindernis abgesetzt und über das erste und zweite Hindernis abgerufen. Diese Übung wurde einige Male wiederholt, natürlich immer mit ausgiebigem Lob, wenn die Übung gut war. Mogelte sich ein Hund nochmals am Hindernis vorbei, wurde dieses Fehlverhalten ignoriert. Es gab kein „Nein“, kein „Pfui“ oder andere negative Kommentare. Der Hund wurde an den Start zurückgeführt und die Übung wiederholt.

Hier ist es dann sinnvoll, eine lange Leine einzusetzen. Der Trainer „hält“ den Hund mit der Leine; er ruckt nicht, sondern verhindert lediglich, dass der Hund um das Hindernis herumlaufen kann. Nur der direkte Weg führt zum Hundeführer und zum Leckerchen. Am Ende dieser Trainingseinheit sprangen alle Hunde auf diese Art die Treppe. Beim nächsten Training wurde die Kombination wieder aufgestellt. Zunächst wurden alle Hunde über die Hindernisse abgerufen. Die Übung wurde von allen Hunden korrekt ausgeführt. Danach stellten wir den Tisch in gerader Linie hinter die Kombination. Die Motivation wurde auf den Tisch gelegt und die Hunde am Start korrekt abgesetzt. Die Hundeführer nahmen ihre Position ein und motivierten die Hunde zu springen. Alle absolvierten die Übung fehlerfrei. Wir tauschten anschließend noch den Tisch mit der Röhre. Die Hunde sollten nach der Kombination jetzt noch durch die Röhre laufen. Auch das gelang problemlos. Die Hund hatten gelernt, den Quersprung als Hindernis zu erkennen und zu bewältigen. Auch als wir die Kombination noch um zwei Sprünge erweiterten, lief keiner der Hunde vorbei.

In Verbindungen mit anderen Einheiten oder im Parcours ist es gut, darauf zu achten, dass der Hund so an die Treppe geführt wird, dass er sie als Gerade überspringen kann, auch wenn der Weg des Hundeführers etwas weiter wird. Das gerade Überspringen verbessert in der Regel die Zeit im Wettbewerb.

Bei unregelmäßigen Treppen ist es nicht zu verhindern, dass Richtungswechsel nötig sind. Körperdrehung, Handwechsel und Kommandos sind den Richtungsänderungen entsprechend anzuwenden. Wie im Quadrat ist auf die Abstände zu achten Sie können für manche Hunde problematisch werden. Springt ein Hund in gerader Richtung mit viel Schwung über das erste Hindernis, ist er vielleicht schon am Quersprung vorbei und bekommt eine Verweigerung.

Es ist darauf zu achten, dass das Tempo vorher gedrosselt wird, damit der Hund den Richtungswechsel problemlos vollziehen kann, bevor er an diesem Hindernis vorbei ist. Bei Mini-Hunden besteht die Gefahr, dass der Hund bei großen Abständen zu früh um das Hindernis herum kommt und sich dadurch eine Verweigerung einhandelt. Hier ist auf konsequentes Führen zu achten. Körperdrehung, Handwechsel und Kommando dürfen nicht zu früh erfolgen, damit der Hund das nächste Hindernis auch annehmen kann. Diese Kombination ist von der linken und von der rechten Seite einzuüben. Die verschiedenen Situationen sind konsequent zu trainieren. Dazu gehören das Abrufen, das Schicken und das Heranführen aus verschiedenen Richtungen. Erfahrene Hunde erkennen Kombinationen. Beobachtungen zeigen, dass sie in solchen Situationen selbstständig Richtungsänderungen einleiten, wenn der Parcours für sie eindeutig ist und der Hundeführer ihnen anzeigt, welche Kombination zu nehmen ist.

Training des vollständigen Parcours

Diese hier beschriebenen Parcoursabschnitte können in Variationen und Kombinationen mit anderen Einheiten immer wieder trainiert werden. Sie können in Verbindung mit Röhre, Sack und Kontaktzonengeräten oder dem Slalom interessanter gestaltet werden. Die Kontaktzonengeräte würde ich, um einen flüssigen Ablauf zu gewährleisten, immer am Ende einer Einheit trainieren. So bleibt an den Kontaktzonen genügend Zeit zum Lob und gibt dem Hund nicht die Gelegenheit, dort schnell weiterzuarbeiten. Diese Einheiten können so weit entwickelt werden, dass daraus ein kompletter Parcours entsteht.

Weiteres Parcourstraining als Vorbereitung zum Wettkampf sollte je nach Leistungsstand gestaltet werden, damit die Teams nicht überfordert und dadurch frustriert werden. Bis zu diesem Zeitpunkt sollte das gesamte Reglement vom Trainer im prakti-

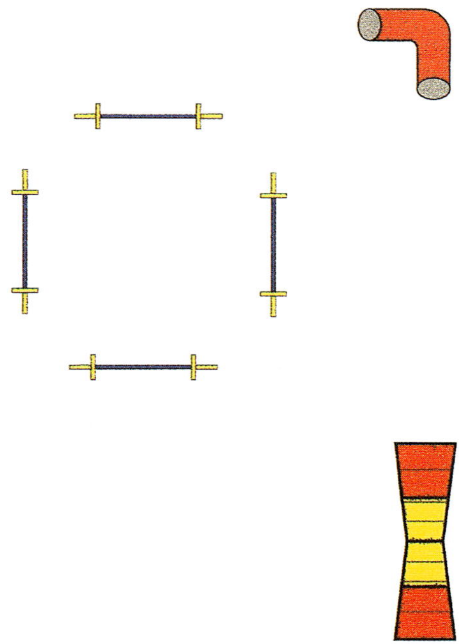

Kombination mit Tunnel und Kontaktzonengerät (1)

schen Training vermittelt worden sein. Eine Broschüre mit den jeweils gültigen Regeln sollte möglichst zur Hand sein, damit eventuell auftretende Deutungsschwierigkeiten geklärt werden können.

Während der Hundeführer bei einzelnen Einheiten meistens die optimale Stellung zu den Geräten und zum Hund hat, ändert sich dieses, wenn ein ganzer Parcours aufgebaut wird. Jetzt werden die Wege, die der Hundeführer zu laufen hat, länger. Die Parcourslänge vom Start zum Ziel beträgt 100 bis 200 Meter. Das entspricht den Wegen in einer gedachten Ideallinie. Der Verlauf des Parcours ist durch die nummerische Reihenfolge vorgegeben. Beim Parcourstraining versucht der Hundeführer durch seine Körpersprache, seine Stellung zu den Geräten und zum Hund den idealen

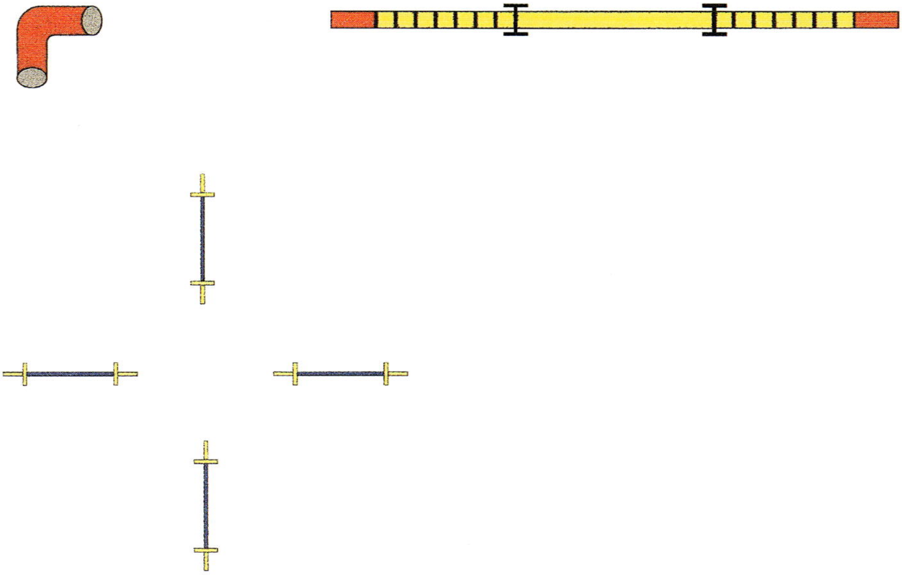

Kombination mit Tunnel und Kontaktzonengerät (2)

Weg zu finden. Der ist individuell ganz unterschiedlich. Er hängt vom Trainingsstand, von der Geschwindigkeit des Hundes und von der Beweglichkeit des Hundeführers ab.

Parcoursbegehung durch den Hundeführer

Nachdem der Parcours aufgestellt ist, wird er abgegangen. Es ist zunächst wichtig, die Reihenfolge der Geräte im Parcours zu kennen. Bei der Begehung ist es wahrscheinlich, dass Trainingseinheiten wie unter Parcourseinheiten beschrieben wiederzuerkennen sind. Haben Hund und Hundeführer das Erarbeiten dieser Kombinationen verinnerlicht, sollte dies eine entsprechende Sicherheit vermitteln. Jetzt gilt es, zwischen diesen Einheiten optimale Verbindungswege zu finden. Sie sind ausschlaggebend für

Vielfach hängt ein gelungener Lauf von der Intensität der Parcoursbegehung ab.

Auch für Spitzenkönner, wie hier bei der Weltmeisterschaft in Morges (CH), ist die Parcoursbegehung der Schlüssel zum Erfolg.

einen harmonischen Lauf und möglichst kurze Laufzeiten. Die Überlegung, welchen Weg der Hund gehen muss und welchen Weg dementsprechend der Hundeführer auszuwählen hat, ist ein weiterer Teil der Betrachtung bei der Parcoursbegehung. Erfahrungen aus dem Training – wie das Einschätzen der Geschwindigkeit, des individuellen Arbeitsabstandes, die Fähigkeit des Hundes, einzelne Sequenzen selbstständig zu arbeiten sowie das Verhalten an den Kontaktzonen – müssen in diese Überlegungen einbezogen werden. Beim Abgehen des Parcours können Körpersprache und Kommandos ausgeführt werden, als wäre der Hund dabei. Nach einem Zeitlimit ist die Begehung zu beenden. Im Training, vor allem für Anfänger, kann dieses Limit ausgedehnt werden. Zur richtigen Begehung des Parcours und dem Erkennen der Schwierigkeiten gehört die Erfahrung des Laufens im Parcours.

Startvorbereitung

Ist der Hundeführer gut auf den Parcours eingestellt, wird der Hund auf den Start vorbereitet. Um Verletzungsgefahren zu reduzieren, sind Aufwärmübungen sinnvoll. Dadurch kann der Hund auf die gemeinsame Arbeit eingestimmt werden. Wird ein sinnvolles Ritual entwickelt, erleichtert es dem Team bei großer Anspannung, die nötige Konzentration und Aufmerksamkeit zu erlangen. Diese Rituale sind individuell wiederum ganz unterschiedlich, da sie vom Wesen des Hundes sowie dem Temperament abhängig sind. Ein von der Veranlagung schon unruhiger Hund sollte nicht noch durch aufputschende Triebspiele weiter aufgedreht werden. Hier könnten ruhiges Gehen mit Gehorsamsübungen, beruhigende Massagen und Ähnliches sinnvoll sein. Die Vorbereitungen sollten aber nicht so umfangreich sein, dass der Hund schon ermüdet an den Start geht.

Im Training ist es möglich, einen Parcours mehrfach zu laufen, um für die Teams den optimalen Weg zu finden. Dabei ist darauf zu achten, dass der Hund motiviert bleibt. Er sollte auch bei Fehlern, die vermeintlich zu seinen Lasten gehen, nicht getadelt werden. Der Fehler wird ignoriert, ein neuer Versuch wird gestartet. Grundsätzlich sollte man sich immer vor Augen führen, dass die Fehler in der Regel vom Hundeführer ausgehen, weil er dem Hund nicht klar machen konnte, was er von ihm erwartete. Nimmt der Hund die fehlerhafte Passage danach ohne Fehler, ist er direkt im Parcours zu loben.

Ein gutes Hilfsmittel beim Training ist wiederum die Filmkamera, mit deren Aufnahme eine gute Analyse durchgeführt werden kann. Hier kann der Hundeführer sich und sein Verhalten sowie die Reaktion seines Hundes darauf selbst kontrollieren. Er kann sehen, ob er die richtige Führhand benutzt hat, das Timing stimmte, die Drehung richtig war und andere Details, die für den Erfolg wichtig sind. Erkenntnisse daraus sind dann Anregungen zur Optimierung des Trainings.

Parcoursbegehung aus Sicht des Hundes

Den Parcours aus Sicht des Hundes abzugehen bedeutet, sich in die Situation des Tieres zu versetzen. Da der Hund in Distanz zu uns arbeitet, sich manchmal ein anderes Gerät zwischen Hund

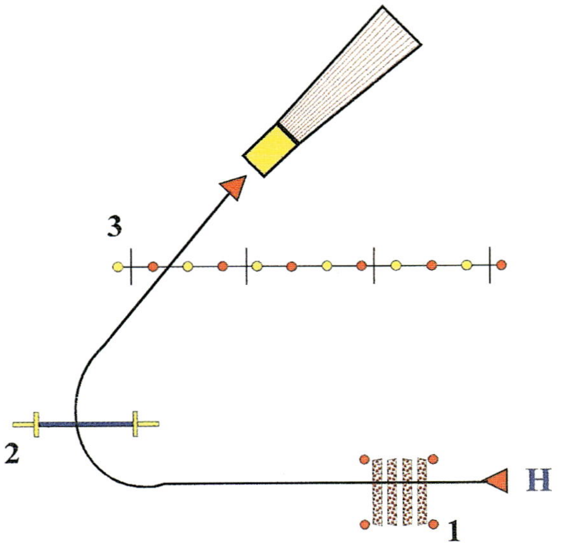

Sichtweise des Hundes
Hier ein Beispiel für die Sichtweise des Hundes. Nach Sprung 2 soll der Hund den Slalom korrekt durchlaufen. Aus diesem Winkel heraus sieht er aber direkt in den Stofftunnel. Wie im Text beschrieben, kann der Hund die Stangen des Slaloms nur schwer erkennen und wird auf direktem Weg in den Tunnel laufen, wenn er nicht konsequent geführt wird.

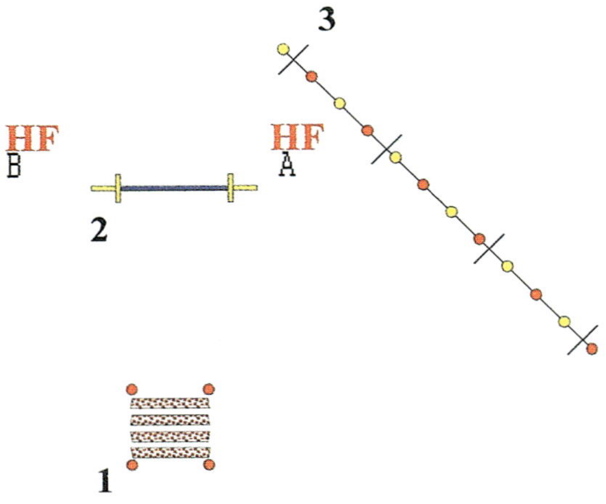

In diesem Beispiel verdeckt der Hundeführer auf Position A die Sicht auf den Slalom.
In dem Moment, in dem er den Hund zur Richtungsänderung anspricht und den Blick auf den Slalom freigibt, kann bei direkter Reaktion die Stange fallen.
Der Hundeführer hat eine bessere Position bei Stellung B.

und Hundeführer befindet und der Hund auf uns zu oder von uns weg arbeiten muss, ist es wichtig zu wissen, auf welche Weise unser Hund das nächste Gerät sieht. Am Beispiel eines Parcours kann dies vielleicht deutlich werden. Auch hier spielt die individuelle Führweise eine Rolle.

Anhand eines Beispielparcours (A1-Parcours von U. Hoeppner, Abb. siehe S. 155) soll im Folgenden gezeigt werden, wie ein Parcours aus der Sicht eines Hundes aussieht.

Vom Start aus hat der Hund die gleiche Sicht auf die nächsten drei Geräte wie der Hundeführer.

Sprung 4 ist aber schon nicht mehr im direkten Sichtfeld des Hundes, da er links aus dem Slalom ausfädelt. Beim Führen über das Hindernis 4 verdeckt der Hundeführer zunächst das Laufdiel mit seinem Körper, der Hund muss sich auf die Anweisungen seines Führers verlassen.

Am Ende des Laufdiels sieht der Hund – lässt man ihn geradeaus von der Kontaktzone laufen – direkt in den Stofftunnel. Nur ein Zögern oder ungeschicktes Führen macht den Hund auf das Hindernis 15 aufmerksam. Er sieht vielleicht auch den Reifen, dieser ist aber weiter weg.

Aus dem dunklen Sack heraus muss er sich erst neu orientieren. Bekommt er nicht sofort ein klares Kommando, sieht er die Mauer und den Weitsprung. Günstigerweise wird der Hund hier auf der linken Seite des Hundeführers geführt. Über den Weitsprung springt der Hund ins Leere. Ein weiteres Gerät ist für ihn nicht sichtbar.

Um dem Hund nach der Richtungsänderung freie Sicht auf das nächste Gerät zu ermöglichen, gibt es drei Varianten.

- Nachdem man vor dem Weitsprung gewechselt hat, bleibt man am Weitsprung stehen, um anschließend mit dem Hund in Richtung Mauer zu laufen.
- Oder man führt, während der Hund wendet, in leichtem Bogen zur Mauer eine Rückwärtsbewegung durch und lässt den Hund nach Ansprache auf sich zu arbeiten, um ihm dann die Mauer anzuzeigen.

- Oder man vollzieht einen vollständigen Wechsel auf die andere Seite der Mauer.

Kommt der Hund über die Mauer, sieht er in direkter Laufrichtung den Reifen. Den Eingang zum Tunnel kann er nicht sehen. Er sieht zwar den Tunnel, aber auch das Laufdiel. Hier muss man Acht geben, um den Parcours in richtiger Reihenfolge beenden zu können. Solange der Hund sich noch im Tunnel befindet, sieht er wiederum ins Leere. Der Ausgang des Tunnels zeigt genau zwischen den Tisch und die A-Wand. Steckt er aber den Kopf aus der Röhre, nimmt er zunächst die Wand wahr, da sie eher in Laufrichtung steht als der Tisch.

Auf den Tisch muss der Hund durch eine Richtungsänderung geschickt werden. Aus der Richtung, aus der Hindernis 12 genommen werden muss, sieht der Hund vom Tisch geführt immer das Laufdiel. Es könnte vom Hundeführer verdeckt werden, wenn dieser sich zwischen Hindernis 12 und Laufdiel stellt, um den Hund auf sich zu arbeiten zu lassen und ihn dann über diesen Sprung schickt.

Auch die A-Wand kann der Hund aus dieser Richtung nicht sehen und muss somit geführt werden. Da nach dem Abgang kein weiteres Hindernis außer der Röhre zu sehen ist, wird er den versetzten Röhreneingang als nächstes Hindernis sehen. Wiederum zeigt der Ausgang direkt ins Leere, so dass der Hund im Tunnel noch kein weiters Gerät sehen kann. Erst mit Verlassen der Röhre kann er die anderen Geräte sehen. Er hat drei zur Auswahl, wobei das Laufdiel nicht in direkter Laufrichtung liegt, aber vom Hund betreten werden könnte, wenn der Hundeführer den Hund zu früh anspricht und der Hund eine direkte Richtungsänderung vollzieht. Wahrscheinlicher zieht aber der Sacktunnel den Hund eher an. Durch richtige Stellung und konsequente Körpersprache muss hier Sprung 15 angezeigt werden. Springt er über 15 erscheint in Laufrichtung Sprung 16 und 17.

Die Stellung der Geräte zueinander und die individuelle Arbeitsweise lässt Interpretationen dieser Art zu. Sich in dieser Weise mit einem Parcours zu beschäftigen, ermöglicht, Parcoursfehler zu vermeiden, da man erkennt, wo der Hund mehr oder weniger Hilfe benötigt, um ins Ziel zu gelangen.

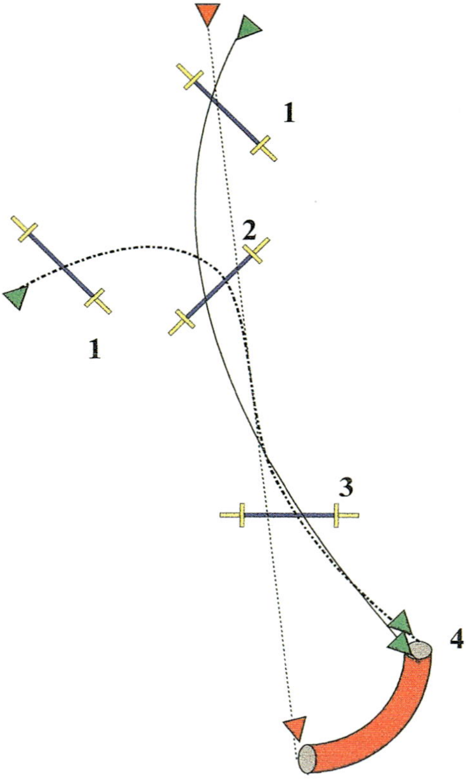

Bei dieser Kombination sieht der Hund beide Tunneleingänge, wenn er den Sprung 2 passiert hat. Kommt er von links, ergibt sich eine gerade Linie zum falschen Tunneleingang. Auch von rechts kommend liegt in gerader Linie der falsche Eingang in Laufrichtung.

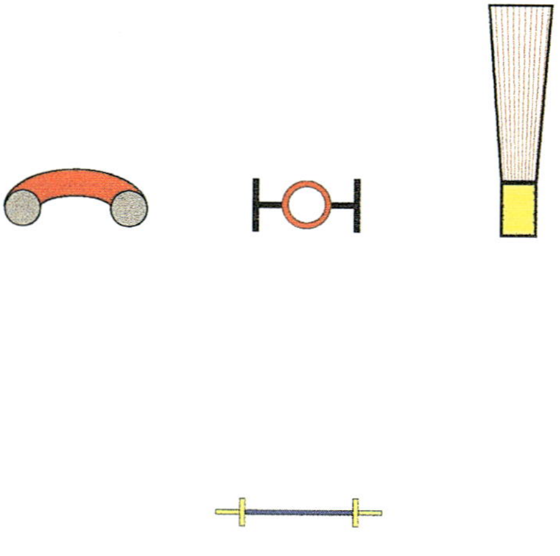

Ein Übungsbeispiel, an dem eindeutige Körpersprache trainiert werden kann. Üblicherweise wird für alle vorgegebenen Geräte das Kommando „Durch" verwendet. Da alle Geräte im Gesichtsfeld des Hundes liegen, besteht hier eine besondere Schwierigkeit, welche eindeutiges Führen verlangt.

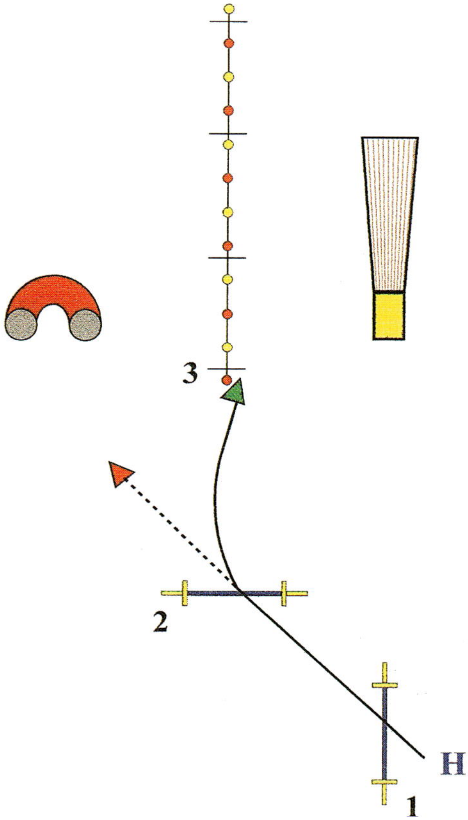

Eine kniffelige Kombination
In Sicht und Lauflinie des Hundes liegt der Tunnel. Wird der Hund vom Tunnel „weggezogen“, um in den Slalom zu gehen, sieht er wiederum den Stofftunnel.
Den Hund in gerader Linie zum Slalom über Sprung 2 zu führen, wäre ideal.

Hilfsmittel beim Training

Die **Videokamera** ist heute das am häufigsten eingesetzte Hilfsmittel. Mit ihr können die Sportler ihr Verhalten, hier vorwiegend ihre Körpersprache, und die Reaktion ihrer Hunde kontrollieren. Ein klarer Vorteil dieses Hilfsmittel ist die Möglichkeit, eine Situation zur Analyse häufiger bzw. wiederholt abrufen zu können. Bei der direkten Kontrolle durch den Trainer oder eines anderen

Sportlers ist eine Analyse im Detail auf Grund der schnellen Reaktionen, die in diesem Sport nötig sind, oft nicht möglich.

Fehler, bei dem der Zeitfaktor eine Rolle spielt, sind oft ohne die Kamera nicht eindeutig zu erkennen. Dazu gehört das Ansprechen des Hundes bei Richtungswechsel und in Sprungkombinationen.

Bei Springfehlern des Hundes kann sie Aufschluss über das Sprungverhalten liefern. In der Zeitlupe ist z. B. der Abstand des Absprungs zur Hürde zu erkennen. Die Nachlässigkeit des Hundes in seiner Körperkontrolle ist festzustellen. Lässt er vielleicht ein Bein hängen oder lässt sich zu früh fallen?

Sie ermöglicht aber auch langsame Veränderungen der Körpersprache aufzudecken, zum Beispiel verändertes Verhalten an den Kontaktzonen, welches mit Hilfe dieser Kontrolle verhindert werden kann.

Nicht immer liefert eine Kamera endgültige Erkenntnisse über Fehler. Durch perspektivische Verzerrung kann die eine oder andere Situation unklar bleiben. Man sollte sie auch nicht ständig einsetzen, da man nicht jede Bewegung genau überlegen kann. Das intuitive Verhalten muss erhalten bleiben.

Ein weiters Hilfsmittel ist die **Stoppuhr**, die beim Parcourstraining eingesetzt werden kann, um die Laufzeit zu ermitteln. Sie vermittelt oft schon ein Gefühl von Stress, da jedem bekannt ist, dass es eine Standard- und eine Maximalzeit gibt, um einen Parcours erfolgreich zu absolvieren bzw. zu bestehen. Außerhalb der Standardzeit werden Zeitfehler angerechnet.

Um diese Zeit zu ermitteln, benötigt man auch die Streckenlänge eines Parcours. Diese wird am einfachsten mit einem **Messrad** ausgemessen. Ist ein solches nicht vorhanden, kann man mit einem **Metermaß** die Abstände zwischen den Hindernissen messen und addieren. Damit lässt sich auch ungefähr die Länge ermitteln.

Übungen auf dem Spaziergang

Spielerische Übungen zu Hause und auf dem Spaziergang sind für den Erfolg unerlässlich.

Solche Übungen

- fördern Bindung und Vertrauen.
- verfeinern die Verständigung zwischen Hund und Hundeführer.
- schulen die Körpersprache des Hundeführers, wenn er sie bewusst anwendet.
- bringen den Hund in eine gute körperliche und geistige Kondition.

  Unter **geistiger Kondition** verstehe ich die Konzentrationsfähigkeit des Hundes, Aufmerksamkeit auch unter Ablenkung sowie gelassener Umgang mit unbekannten Situationen.

  Körperliche Kondition sind Sprungkraft, Ausdauer und Wendigkeit.
- unterstützen die Arbeit auf dem Hundeplatz.

Auf einem Spaziergang kann die zum Springen erforderliche Muskulatur trainiert werden, wenn der Hund gezielt einen Abhang hinauf (Hinterhandmuskulatur wird beim Abdrücken trainiert) und hinunter (Vorderhandmuskulatur wird beim Auffangen des Sprunges trainiert) läuft.

Es ist immer darauf zu achten, dass auch beim Spieltraining unterwegs der Hund nicht überfordert wird und der Spaß nicht zu kurz kommt.

Sowohl geistige als auch körperliche Kondition können im Alltag trainiert werden. Mit Motivationsmitteln ausgestattet beginnt der tägliche Spaziergang. Ist der Wald, der Park oder das freie Feld erreicht, in dem sich unser Hund frei bewegen darf, lässt man ihn frei laufen und seinen Bedürfnissen nachgehen (so weit es in unserer Gesellschaft erlaubt ist). Nach einiger Zeit wird er gerufen und angeleint. In guter Stimmung kann mit kleinen Übungen begonnen werden.

Am Anfang ist es einfacher, die Übungen immer an der gleichen Stelle und zur gleichen Zeit durchzuführen. Der Hund lässt

Es ist deutlich erkennbar, mit welcher rasanten Geschwindigkeit dieser Malinois den Slalom nimmt.

Mit eindeutiger Körpersprache funktioniert auch hier die Kommunikation zwischen Hund und Hundeführer.

sich leichter von seinen eigenen Interessen abrufen und dann einfacher mit seinen Aufgaben vertraut machen.

Alle Gehorsamsübungen wie Sitz, Platz, Steh, Bleib usw. lassen sich auf dem Spaziergang trainieren. Es ist immer darauf zu achten, dass die Übungen, auch bei konsequenter Ausführung, einen spielerischen Charakter haben und der Spaß erhalten bleibt. Durch richtige Motivation kann die langweiligste Übung Spaß machen. Zu Beginn sollten die Übungen möglichst kurz sein. Hat der Hund Freude an solch kleinen Zwischenspielen, können diese erweitert werden. Freilauf und Spiel sollten trotzdem immer überwiegen.

Konzentrationsübungen

Ziel: Die Konzentration zu fördern und die Aufmerksamkeit des Hundes auf den Hundeführer zu lenken.

Der Hund sollte neben uns sitzen. Mit dem Motivationsgegenstand – jetzt sind Leckerchen gut zu verwenden (siehe Kapitel

Motivation) – in der Hand animieren wir den Hund, uns für einige Sekunden anzusehen. Danach wird er belohnt. Anschließend geht der Hund einige Schritte angeleint auf der linken Seite mit uns. Danach lassen wir den Hund wieder sitzen, diesmal auf der anderen Seite. Er sollte abermals einige Sekunden mit uns Blickkontakt halten. Dafür wird er wieder belohnt und die Übung wird beendet.

Führen des Hundes an der rechten Seite

Ziel: Freies Laufen rechts vom Hundeführer im Parcours.

Traditionsgemäß und zur Sicherheit des Hundes läuft der Hund im Alltag auf der linken Seite des Hundeführers, nämlich auf der dem Verkehr abgewandten Seite. Für Agility sollte das Gehen an der rechten Seite trainiert werden, da dass beidseitige Arbeiten im Parcours unerlässlich ist. Es muss nicht so korrekt sein wie die Fußarbeit zur Begleithundeprüfung. Der Hund sollte nur nicht verunsichert sein, wenn er auf dieser Seite des Hundeführers läuft.

Dazu nehmen wir das Leckerchen in die rechte Hand. Der Hund ist angeleint und wird mit der Leine in der linken Hand und dem Leckerchen in der rechten Hand an der rechten Seite des Hundeführers geführt. Das Leckerchen motiviert den Hund, diese Seite zu akzeptieren.

Wechseln hinter dem Hund

Ziel: Vertrauen und Belastungsfähigkeit des Hundes aufzubauen, wenn etwas hinter seinem Rücken geschieht.

Das Wechseln hinter dem Hund ist eine weitere Übung, die außerhalb des Platzes trainiert werden kann. Der Hund sitzt in der Mitte eines Weges (immer ohne andere zu stören), der Hundeführer begibt sich langsam hinter den Hund. Bleibt dieser in der eingenommen Position sitzen, wird er gelobt. Diese Übung wird erst sicher eingeübt. Bleibt der Hund sicher sitzen, beginnt der Hundeführer sich zu bewegen, von rechts nach links und von links nach rechts.

Bei dieser Übung lernt der Hund, sich nicht irritieren zu lassen, wenn der Hundeführer sich hinter seinem Rücken bewegt. Hat der Hund genügend Sicherheit, bleibt er ruhig, wenn er am Start sitzt und hinter ihm sich das Publikum befindet. Dies Übung gibt Ihm auch Sicherheit, wenn das Wechseln hinter ihm in vollem Lauf im Parcours geschieht. Der Hund muss sich unbeeindruckt weiterbewegen.

Rechts- und Links-Kommando

Ziel: Richtungswechsel, Gehorsam und Reaktionsvermögen.

Auf Wegen können die Kommandos „Rechts" oder „Links" eingeübt werden. Wege haben eine natürliche Grenze, dadurch wird die Übung kontrollierbarer. Wer die Kommandos selber nicht verwendet (Rechts- und Links-Schwäche ist nicht selten), trainiert dabei eine klare Körpersprache.

Als Motivation ist es hier sinnvoll, einen Ball mit Schnur oder eine Beißwurst zu verwenden. Das Spielzeug wird auf die rechte Seite eines Weges gelegt. Der Hund ist an der Leine. Er darf das Spielzeug jetzt nicht nehmen. Mit dem Hund geht es etwa drei bis vier Schritte zurück. Der Hund wird auf die linke Seite des Weges links neben den Hundeführer gesetzt. Er sollte einen Moment ruhig neben dem Hundeführer sitzen können (Konzentrationsübung!), auch wenn die Motivation dort abgelegt wurde.

Gezielt nimmt der Hundeführer Stellung zum Motivationsgegenstand ein. Er stellt sich ein wenig schräg, nimmt das linke Bein in Richtung des Spielzeugs und zeigt mit dem Körper, dem ausgestreckten linken Arm und der Hand in Richtung Gegenstand. Er spricht das Kommando und läuft mit dem Hund in diese Richtung. Der Hund wird sich vom Hundeführer lösen, um sein Spielzeug zu bekommen. Dieses Lösen ist zu unterstützen, denn der Hund sollte im Parcours nicht am Hundeführer kleben.

Der Hund nimmt durch den Motivationsgegenstand die richtige Richtung an und verknüpft den Ablauf richtig. Bei meinem alten Hund läuft diese Übung korrekt ab, so wie ich es mir vorstelle. Im Training mit anderen Hunden konnte das gleiche Ergebnis erzielt werden. Mein Border Collie ist allerdings der Meinung, dass er den Ball hüten muss, und läuft um ihn herum, als ob es ein Schaf wäre. Übe ich mit ihm dieses Kommando, behalte ich den Ball in der Hand und er folgt meinem ausgestreckten Arm. Danach wird mit dem Hund gespielt.

Ist die Übung nach rechts fest eintrainiert, beginnt man mit der Übung nach links. Beherrscht das Team beide Übungen, kann der Hund auf der linken Seite abgesetzt werden. Der Hundeführer stellt sich in die Mitte des Weges. Er schickt den Hund mit Kommando und Körpersprache nach rechts. Läuft der Hund nach rechts – er sollte den Weg vor dem Hundeführer nehmen – wird er kurz verbal gelobt: Ein kurzes „Fein“ genügt. Dann wird er sofort mit richtigem Wechsel in der Körpersprache nach links weiter geschickt. Daraus kann ein Zick-Zack-Lauf entwickelt werden, der zum gemeinsamen Spiel wird.

Das Geh-raus- oder Geh-weg-Kommando

Ziel: Einen größeren Abstand zwischen Hund und Hundeführer zu entwickeln.

Dieses Kommando lässt sich am besten auf einer Wiese oder einem freien Platz üben. Die Hundepfoten sind empfindlich, darum eignen sich keine asphaltierten oder mit Schlacke bestreuten Plätze.

Der Hund sollte es mögen, hinter einem Gegenstand herzulaufen. Günstig sind hier Bälle. Das Team steht in der Mitte eines freien Platzes. Es muss kein Fußballplatz sein, ein freies Stück Wiese von 10 Quadratmetern Größe reicht völlig aus. Der Hundeführer animiert den Hund, sich im Kreis um ihn herum zu bewegen. Dabei hält er den Ball in der Hand, die dem Hund nahe ist. Jetzt wirft er den Ball weit weg. Einige Male wird diese Spiel wiederholt.

Viele Hunde entfernen sich schon nach wenigen Übungen vom Hundeführer, weil sie schnell ihren Ball haben möchten. Ist der Hund hochmotiviert, bewegt sich der Hundeführer so, als ob er den Ball wegschleudert, behält ihn aber zunächst in der Hand. Der Hundeführer täuscht. Er ruft seinen Hund und zeigt ihm den Ball. Hat er die Aufmerksamkeit seines Hundes, wirft er den Ball mit dem Kommando „Geh raus“ weg. Hält der Hund einige Zeit die Spannung, kann er mehrere Male getäuscht werden, bevor er den Ball bekommt. Der Hundeführer bewegt sich in einem kleinen Radius, der Hund sollte den Radius um den Hundeführer durch dieses Spiel vergrößern. Er verbessert mit Spaß an diesem Spiel seine Geschwindigkeit und seine Kondition.

Weitere Übungen

Bei den nächsten Übungen ist ein wenig Fantasie vom Hundeführer erforderlich. Das Führen des Hundes, ähnlich wie bei den Übungen im Quadrat oder am Kreis etc., kann in Verbindung mit Bäumen, Abgrenzungen, Masten usw. geübt werden. Bei diesen Übungen fällt lediglich das Springen des Hundes weg. Hochspannungsmasten stehen meist auf einer freien Fläche. Die vier Standbeine bilden ein Quadrat, lediglich die Abstände sind etwas größer als beim Hürdenquadrat. Stellt man sich zwischen diesen eine Stange vor, können alle Übungen ähnlich der Übungen am Quadrat trainiert werden.

Zunächst muss dem Hund geholfen werden, eine Verknüpfung zwischen den Hürden und den anderen Hilfsmitteln herzustellen. Da es aber verschiedene Ausführungen von Hürden gibt, sollte dies kein Problem darstellen. Wichtig ist, dass der Hundeführer die gleiche „Sprache" anwendet wie im Training. Ist der Blick für solche Dinge geschult, können überall Übungsmöglichkeiten gefunden und somit das Training auf dem Platz ergänzt werden.

Immer wieder wird betont, dass der Hund im Laufe des Trainings nicht müde werden sollte, weil der Lerneffekt bei einem müden Hundes gering ist. Einmal am Tag sollten unseren Hunde aber Gelegenheit haben, sich richtig auszutoben oder auszulaufen. Das Laufen am Fahrrad, gemeinsames Joggen oder Schwimmen fördert die körperliche Kondition und lässt den Hund ermüden.

Fröhliches Toben mit anderen Hunden fördert das soziale Verhalten der Hunde, welches in unserer Gesellschaft unerlässlich ist. Dabei ist darauf zu achten, dass Hunde ihr Spielverhalten mit dem Älterwerden verändern. Bei erwachsene Rüden oder Hündinnen kann aus Spiel auch mal rivalisierender Kampf werden. Guter Gehorsam, das heißt in diesem Fall, der Hund kann aus kritischen Situationen abgerufen werden, beugt dem vor.

Hin und wieder ist zur Gewöhnung an Trubel, Menschen und Geräusche ein Gang in die Stadt lehrreich. Ist der Hund an Menschen, Unruhe, Geräusche (Lautsprecher) u. Ä. gewöhnt, wird er sich bei einem Turnier mit einhundert oder mehr Startern gelassen zeigen und seine Aufgabe mit Erfolg absolvieren.

Anregungen zum Gedächtnistraining für den Parcoursverlauf

Für viele Hundeführer erscheint ein Parcours zunächst wie ein Labyrinth. Immer wieder sieht man Sportler, welche ihren Hund zunächst hervorragend durch den Parcours leiten. Plötzlich merkt man, wie der Faden reißt und im schlimmsten Fall der Hund über ein falsches Hindernis geschickt wird, womit konsequenterweise die Disqualifikation besiegelt ist. So ist es vor einigen Jahren einem guten Hundeführer bei der Weltmeisterschafts-Qualifikation passiert. Durch diesen Fehler vergab er, aus aussichtsreichster Position startend, die Teilnahme an der 1. Agility-Weltmeisterschaft.

Der Begriff Gedächtnis ist mit verschiedenen Assoziationen verbunden:

Gedächtnis – Gedanken – Gedicht – Auswendiglernen – Aufsagen.

Memoiren – Lebenswerk – Erinnern – Aufschreiben.

Memory – Kartenspiel – Auslegen – Aufdecken – Merken – Zusammenfügen.

Ähnliche Assoziationsketten lassen sich auch für das Erfassen und Behalten des Parcours bis zum erfolgreichen Durchlauf aufstellen.

Zunächst erfolgt das **Erkennen** eines Parcours, dann das **Erfassen** des Verlaufs in der richtigen Reihenfolge. Zusätzlich erfolgt das **Ermitteln der Schwierigkeiten** in Bezug auf das Führen des Hundes und auch noch auf die eigene Stellung zu den Geräten und zum Hund.

Das alles hat man oft in kurzer Zeit zu analysieren und über manchmal ein bis zwei Stunden zu behalten, um dann mit einem möglichst gelungenen Durchgang abzuschließen.

Bei dieser kurzen Darstellung des Geschehens ist zu erkennen, wie viel größer die Anforderung ist, die ein Agility-Parcours an den Hundeführer im Vergleich zum Erlernen von beispielsweise Schriftstücken stellt.

Über Kurz- und Langzeitgedächtnis können wir Informationen, manchmal über Jahre, speichern. Andererseits kann es auch vorkommen, dass wir Informationen nur unvollständig aufnehmen und sie dann auch schnell wieder vergessen. Das ist ärgerlich und erhöht im Falle eines Turniers die Nervosität und den Stress. Im Folgenden werden Möglichkeiten zu anderen Methoden des Aufnehmens und dadurch sichereren Speicherns von Informationen hinsichtlich der Parcours beschrieben. Diese Möglichkeiten können trainiert werden wie das Führen des Hundes im Parcours.

Bei einem schnellen Lauf ist es kaum möglich, sich an den Zahlentafeln zu orientieren, weil man sich im Wesentlichen auf die Geräte und den Hund konzentrieren muss und nicht in der Lage ist, auch noch die Zahlen zu beachten. Ist der Parcours aufgestellt und mit Nummern versehen, geht man ihn zunächst in nummerischer Reihenfolge ab.

Die Folge der Geräte kann man sich auf unterschiedliche Weise merken.

Erstens, man orientiert sich zunächst tatsächlich an den Zahlen oder versucht sich die Reihenfolge der Geräte einzuprägen wie z. B. Sprung, Wand, Sprung usw.

Oder man versucht im Verlauf der Strecke eine bestimmte Form zu erkennen. Bei der ersten Begehung ist es aber sehr wichtig, sich an den Zahlen zu orientieren. Mir ist es schon passiert, das ich wie ein Schaf in der Herde mit anderen Hundeführern mitlief und selbst nicht auf den richtigen Parcoursverlauf geachtet habe. Da aber jeder Hundeführer „seinen" Parcours abgeht, war eine Disqualifikation schon vorprogrammiert.

Versucht man sich den Verlauf nach Geräten zu merken, kann dies gelingen nach dem Prinzip: Sprung, Wand, Sprung, Sprung, Sprung (als Beispiel). Gibt es aber mehrere Geräte der gleichen Art in etwa gleicher Richtung, könnte dies schon zu Verwechslungen führen.

Stattet man die Sprünge in der Fantasie mit Bildern aus, ist dies eine Möglichkeit, die richtige Reihenfolge fest im Gedächtnis zu verankern. In der Fachliteratur zu Gedächtnistraining wird diese Methode als „Verbildern" bezeichnet.

Der erste Sprung ist z. B. der Gartenzaun, die A-Wand wird zum Hausdach, der nächste Sprung nach der Wand ist ein umgekippter Baum usw. Je nach eigener gefühlsmäßiger Einstellung können die Geräte unterschiedliche Formen oder Figuren annehmen. Im Training gab es z. B. einen kleinen Hund, der wie ein Wilder über das Laufdiel fegte. Der Hundeführerin gab ich den Rat, viele Leckerchen auf das Laufdiel zu legen. Für den Hund gab es dort ein Festmahl. Für dieses Team ist das Laufdiel seither nur noch das Büfett. Der Tisch könnte zur (Kaffee-)Tafel werden und die A-Wand zum Knusperhäuschen. Solche Verknüpfungen lösen oft die Anspannung, welche manchmal die normale Aktivität blockiert.

In dem Verlauf des Parcours eine Form zu erkennen, ist eine weitere Möglichkeit, sich den richtigen Weg zu merken. Oft helfen die Bewegungen des Körpers bei dieser Betrachtung. Jede Drehung gibt eine Richtungsänderung an und beschreibt somit einen Kreis, eine Acht oder andere Formen. Wieder sind es Vorstellungen aus anderen Bereichen, die helfen können, diese Information aufzunehmen.

Hier muss ich wieder aus dem Nähkästchen plaudern. Ein Hundeführer, ein zweiradbegeisterter Sportler, konnte sich den Ablauf eines Parcours der Reihenfolge nach nicht merken. Er hätte mühelos den Zahlen nach den Parcours aufsagen können. Aber die richtige Stellung im Parcours zu finden und dann auch noch über einen Zeitraum zu behalten, war für ihn unmöglich. Im Training gab ich ihm eine kurze Stange in die Hand und die Anweisung sich vorzustellen, es sei der Lenker seines Fahrrads. Als Crossfahrer muss er sich auf unterschiedliche Strecken mit verschiedenen Schwierigkeitsgraden einstellen können. Auf diese Weise merkte er sich Wendungen, Abstände und Wechsel und konnte den Parcours fehlerfrei durchlaufen.

Einer Hundeführerin, die sich unter Stress kaum einen Parcours merken konnte, half die Frage, ob sie Straßenkarten lesen könne. Es war bekannt, dass sie viel mit dem Auto unterwegs war. Als sie dieses bejahte, bekam sie den Tipp, sich die Parcours aufzuzeichnen und sich vorzustellen, dass der Parcours nichts anderes ist als eine Straßenkarte mit Brücken, Bergen, Einbahnstraßen oder Sackgassen. Es gelang ihr, auf diese Weise sich auch unter Stress den Parcoursverlauf zu merken, da Straßenkarten zu lesen bei ihr zum Alltag gehört.

Aus der Schulzeit kennen die meisten von uns die Methode, Vokabeln aufzuschreiben, um sie sich besser zu merken. Diese intensive Beschäftigung mit der Materie ist eine gute Unterstützung beim Training des Gedächtnisses. Auch das Aufzeichnen eines Parcours kann als Gedächtnisstütze helfen. Hierzu kann man vorgefertigte Schablonen oder figürliche (dreidimensionale) Parcours verwenden.

Beim Training sollte man immer wieder darauf achten, dass der Parcours zunächst in Sequenzen aus dem Gedächtnis heraus aufgezeichnet wird. Bei fortgeschrittenerem Training sollten die Hundeführer nach einer Parcoursbegehung in der Lage sein, einen kompletten Parcours aus dem Gedächtnis heraus aufzuzeichnen, wobei besonderes Augenmerk auf die richtige Wiedergabe der kritischen Parcourspassagen gelegt werden sollte.

Beim gemeinsamen Training können direkt in Verbindung des Parcourstraining Spiele entwickelte werden. Zunächst gehen die Hundeführer den Trainingsparcours ab. Anschließend räumt der Trainer die Zahlentafeln weg. Einzeln versuchen nun die Hundeführer ohne Hund und ohne die Sicherheit der Zahlen den Parcours nochmals abzulaufen. Anhand der Zeichnung wird kontrolliert, ob der Hundeführer sich nicht verläuft. Der Trainer als Spielleiter kann fordern, dass nach der Begehung nur Sequenzen abgegangen werden. Der erste Hundeführer bekommt die Aufgabe, den Parcours vom Hindernis 5 bis 11 abzugehen, ein anderer von 13 bis 19 usw. Diese Übungen fordern die Aufmerksamkeit, Konzentration und Flexibilität der Hundeführer im Parcours. Um die Anforderung zu steigern, können die Sequenzen auch mit dem Hund erarbeitet werden. Hierbei erhöht sich auch die Anspannung, so dass der Hund schon mit diesem Gefühl konfrontiert wird und somit erste Erfahrungen hinsichtlich eines Wettkampfes machen kann.

4 Vorbereitung auf den Wettkampf

Formalitäten und Organisatorisches

Richtige Vorbereitung auf den Wettkampf ist die Voraussetzung zum Erfolg.

Dazu gehören:

- Kenntnisse der Agility-Regeln
- Regelmäßiges Training unter Aufsicht (Der Trainer muss die Anmeldung unterschreiben.)
- Bestandene Begleithundeprüfung (in Deutschland)
- Ausreichender Impfschutz
- Tätowierung oder Chip (erforderlich im Ausland und bei Meisterschaften)
- Haftpflichtversicherung für den Hund
- Leistungskarte/-heft
- Fristgerechte Meldung

Bevor zum ersten Wettbewerb gemeldet wird, sollten einige Trainingsparcours fehlerfrei gelaufen worden sein. In Deutschland ist vor dem ersten Wettkampf die Begleithundeprüfung oder die Begleithundeprüfung-A abzulegen. Begleithundeprüfung-A ist die identische Prüfung ohne Schuss. Sie ist eine reine Gehorsamsprüfung ohne sportliche Betätigung. Dieses ist als Leistungsnachweis zu beurkunden. Leistungsnachweise (Prüfungsergebnisse) werden in Leistungskarten bzw. -heften o. Ä. eingetragen und können beim Hundesportverband oder jeweiligen Rassehundverein beantragt werden.

Es ist darauf zu achten, dass der Hund fristgerecht gegen Tollwut geimpft wurde. Sechs Wochen vor dem Termin sollte der Hund geimpft werden, damit die Impfung wirksam ist. Meistens gilt diese Vorschrift auch für die Teilname am Training. Außerdem muss der Hund haftpflichtversichert sein. Dieses wird durch die

Unterschrift auf dem Meldeschein vom Teilnehmer bestätigt. Der Hundeführer haftet für alle Schäden, die der Hund verursacht.

Hat der Verein eine Einladung zu einer Agility-Veranstaltung bekommen, kann fristgerecht gemeldet werden. Auf der Einladung ist angegeben, welche Frist einzuhalten ist und welche Prüfungen und Spiele angeboten werden. Die Meldescheine sind korrekt mit allen Angaben auszufüllen. Sie sind der Nachweis dafür, dass dieses Team berechtigt ist, an einer solchen Veranstaltung teilzunehmen. Der Trainer hat die Meldescheine zu unterschreiben. Mit seiner Unterschrift bestätigt er, dass der Teilnehmer fähig ist, in seiner Klasse erfolgreich einen Parcours zu laufen.

Mit der Anmeldung wird gleichzeitig die Meldegebühr fällig. Zur Erinnerung ist die Einladung nach der Anmeldung weiterhin gut aufzuheben, da auf ihr der Beginn der Veranstaltung vermerkt ist und meistens auch eine Wegbeschreibung beigefügt wird.

Anreise

Die Vorbereitung für das Turnier beginnt am Tag bzw. Abend vorher.

Wichtig für das Team ist zunächst die Wegbeschreibung, damit auch abseits der Hauptverkehrsstraßen der Turnierplatz gefunden werden kann. Es sollte eventuell auch die Tankfüllung überprüft werden. Am frühen Sonntagmorgen sind nicht überall die Tankstellen geöffnet.

Danach sind Leistungskarte und das Impfbuch griffbereit einzustecken, denn ohne sie darf am Turnier nicht teilgenommen werden.

Eine Tasche mit den Utensilien für den Hund ist zu packen.

Hier hinein gehören:

- Ein Wassernapf, evtl. eine Wasserflasche (die Wege zur Wasserstelle könnten etwas länger sein).
- Eine Decke oder Matte, die von unten wasserdicht ist, damit der Hund bei feuchtem Untergrund trocken liegt.
- Ein Handtuch, um den Hund nach starkem Regen trocken zu reiben, wenn der Hund noch im Auto warten muss.

Bei einem eingespielten Team arbeitet der Hund auch über größere Entfernungen sauber, ohne dass der Hundeführer direkt mitläuft.

Letzte Information vor dem Wetbewerb beim Briefing.

- Einen schattenspendenden Schirm bei starker Sonne (Regenschirm erfüllt auch seinen Zweck).
- Ein Halsband, dass sich leicht abnehmen lässt, und eine Leine.
- Ein Motivationsspielzeug und Leckerchen.
- Papier oder Tüten, um Kot von dort aufzunehmen, wo er nicht hingehört.

Im Gepäck für den Hundeführer sollten gute rutschfeste Schuhe enthalten sein. Genau wie für den Hund ist Regenschutz sowie Sonnenschutz einzupacken. Sinnvoll ist eine Sonnenbrille, damit das Turniergeschehen ungestört genossen werden kann. Da die Vereine eventuell nicht mit genügend Sitzgelegenheiten ausgestattet sind, ist es ratsam, sich eine Sitzgelegenheit mitzubringen, weil ein Turniertag recht lang werden kann.

Wer das erste Mal ein Turnier besucht, ist überrascht, wie viele Tageszelte und Anglerschirme am Parcoursrand aufgestellt sind, die den Eindruck erwecken, ein lustiges Zeltlager würde dort abgehalten. Sie dienen den Teilnehmern während des ganzen Tages als Schutz, da in unseren Breitengraden das Wetter oft nicht optimal ist und Agility weniger in Hallen (außer im Winter oder bei Ausstellungen) oder überdachten Stadien stattfindet. Mit solchen Zelten erübrigt sich der Schirm für den Hund natürlich. Aus diesen Zelten kann der Wettbewerb gut beobachtet werden. Sie bieten den Teilnehmern auch die Möglichkeit sich zurückzuziehen, um zu entspannen.

Gute Vorbereitung und zeitiges Eintreffen verhindern, dass der Tag mit Stress beginnt. Das frühzeitige Eintreffen ermöglicht einem auch, sich vor dem ersten Start in Ruhe zu orientieren. Der Hund kann beim Gassigehen ruhig schnüffeln und so die neue Umgebung kennen lernen. In Ruhe kann die Startnummer abgeholt werden und man kann einen suchenden Blick riskieren, wo denn hier die Toilette ist. Mancher mag noch einen Kaffee vorher oder möchte sich mit Sportkollegen austauschen. So kann ent- und gespannt gemeinsam beim Parcoursbau zugeschaut und auf den ersten hoffentlich erfolgreichen Start gewartet werden.

Mentale Vorbereitung auf den Wettkampf

Regelmäßiges Training auf dem Hundeplatz mit unserem Hund macht uns fit für den Wettkampf. Beim Parcourstraining gelingen uns die gestellten Aufgaben vorzüglich. Die erste Anmeldung zum Turnier ist abgeschickt. Der Trainer lädt zur Generalprobe ein. Diesmal ist ein Parcours abgesteckt. Die Zeit wird festgelegt. Die Fehler werden aufgeschrieben. Zuschauer sind am Parcoursrand. Es ist Training, aber auf einmal kribbelt es im Bauch, man hat das Gefühl, dass man sich den Parcours nicht merken kann, zum zweiten Mal muss die Toilette aufgesucht werden. Ein unangenehmes Gefühl, die Prüfungsangst, macht sich bemerkbar.

Jetzt unter Anspannung zeigt sich, ob nicht nur der Hund sondern auch der Hundeführer gut vorbereitet ist. Normalerweise denkt jeder beim Training an körperliche Fitness für sich und seinen Hund. Die geistige Fitness, die mentale Einstellung (geistig-seelisch) wird oft vernachlässigt.

Im Freizeitsport, der oft auch leistungsorientiert ist, ist der Begriff „mental“ meistens nicht bekannt, obwohl erfolgreiche Sportler aus allen Bereichen mentales Training zur Vorbereitung für Wettkämpfe anwenden.

Was ist mentales Training?

Mentales Training ist eine Methode zur geistigen Vorbereitung auf schwierige Situationen. Richtig angewendet hilft diese Methode, zum richtigen Zeitpunkt die ganze Konzentration auf eine Aufgabe zu richten, den Körper zu kontrollieren und Erlerntes abzurufen und anzuwenden. Sie dient der Verbesserung unserer gefühlsmäßigen Reaktion und des daraus resultierenden Verhaltens.

Es gibt viele Möglichkeiten, mental zu trainieren. Es kann hier nur ansatzweise und im Zusammenhang auf den Wettkampf und dessen als belastend empfundene Faktoren, allgemein bekannt als Prüfungsangst, eingegangen werden.

Um sich mental vorzubereiten, müssen zunächst die Grundvoraussetzungen vorhanden sein, einen Hund durch einen Parcours zu führen. Außerdem muss der Leistungsstand realistisch eingeschätzt werden. Hat man selber einen jungen Hund und beginnt gerade mit seiner sportlichen Laufbahn, kann man zwar erfolgreiche Teams bewundern, aber zu diesem Zeitpunkt wäre es in den meisten Fällen illusorisch, ähnliche Leistungen zuverlässig erbringen zu können. Es können nur Leistungen abgerufen werden, die durch Training und Erfahrungen vorhanden sind. Mentales Training kann die Abrufbarkeit dieses bereits erarbeiteten Könnens deutlich verbessern.

Zu Beginn eines mentalen Trainings sollte ein gewisser Entspannungszustand erreicht werden. Dazu eignen sich Atem- und leichte gymnastische Übungen. Diese Übungen lassen sich fast überall durchführen. Etwa ein bis zwei Minuten kann im Sitzen, Stehen oder Liegen bewusst so ein- und ausgeatmet werden, dass sich der Bauch bei jedem Atemzug hebt und senkt. Ein gleichmäßiger Atemrhythmus wirkt beruhigend. Die Schultern sollten beim Einatmen nicht hoch gezogen werden. Durch bewusstes Atmen kann auch der Herzrhythmus positiv beeinflusst werden, so dass das große Herzklopfen vor dem Start kontrolliert werden kann.

Der Prozess zur Entspannung kann erleichtert werden, wenn man sich visuell eine beruhigende Situation vorstellt. Die Vorstellung eines Sonnenuntergangs nach einem schönen, warmen Sommertag kann alle Anspannung vergessen lassen.

Um die Muskeln aufzulockern, schüttelt man zunächst Arme und Beine aus. Danach kann man die Schultern kreisen, erst die linke Schulter, dann die rechte, anschließend beide Schultern von vorne nach hinten kreisen, das macht die Schultern frei und beweglich und richtet den Oberkörper auf, so dass es eine positive Ausstrahlung bewirkt. Durch Neigen und Drehen des Kopfes wird die Nackenmuskulatur gelockert, um auch hier eine gute Beweglichkeit zu erreichen und den Kopf frei zu machen.

Bewusst werden verschiedene Muskeln angespannt und entspannt. Die Spannung sollte jeweils einige Sekunden gehalten werden. Diese Übungen werden etwa drei- bis siebenmal wiederholt. Beachten sie die unterschiedlichen Gefühle ganz bewusst. Die Zunge wird fest unter den Gaumen gepresst und dann wieder gelockert. Die Hände werden zu einer festen Faust geballt und dann wieder gelöst. Das Gesäß und die Oberschenkelmuskeln werden angespannt und entspannt. Die Füße werden fest auf den Boden gepresst und nacheinander wieder angehoben.

Wer mit autogenem Training vertraut ist und progressive Muskelentspannung kennt, kann diese sicherlich sinnvoll für diesen Zweck anwenden. Diese Übungen tragen zur richtigen Stimulation bei. Es ist darauf zu achten, dass die Entspannung nicht zu tief ist, da der Geist zu weiteren Übungen wach bleiben muss.

Vorstellungstraining und Visualisieren

Zunächst versucht man, einzelne Bewegungsabläufe verbal zu beschreiben und schriftlich niederzulegen. Dadurch wird jede Handlung bis ins Detail bewusst, z. B. die Beschreibung von der Starlinie zum Start. Ich gehe an die von mir gedachte Startlinie. Meine Füße, mein Körper, mein Blick sind geradeaus auf das erste Hindernis gerichtet. Die Arme sind seitlich am Körper. Mein Hund sitzt neben mir. Mein Kopf neigt sich zum Hund. Ich sehe ihn an. Mein Hund bekommt das verbale Kommando „Bleib“. Gleichzeitig hebe ich meine linke Hand in Brusthöhe und weise mit der vollen Hand in Richtung Hund. Die Hand senkt sich wieder. Dann gehe ich aufrecht nach links, setze zuerst den rechten Fuß vor den linken, drehe das linke Bein in die gleiche Richtung und setze den linken Fuß in gerader Richtung ein Stück vor den rechten Fuß und drehe nach rechts um das erste Hindernis herum, um meine Startposition zu erreichen.

So oder ähnlich, je nach Situation, kann eine Beschreibung aussehen. Ziel ist es, sich über die gedankliche Vorstellung seiner Körperbewegung bewusst zu werden, um diese in Stresssituationen optimal abrufen zu können.

Das gleiche Ziel verfolgt das Visualisieren. Bei der Visualisierung sollte man sich diese Abläufe, die zunächst aufgeschrieben wurden, wie in einem Film vorstellen können. Meistens läuft dieser „Film“ in Zeitlupe ab, da sehr viele Informationen verarbeitet werden. Im Hundesport sollte man versuchen, sein eigenes Handeln und die Reaktion des Hundes zu „sehen“.

Vor unserem geistigen Auge sollten z. B. die Handbewegung an der Kontaktzone und die Stellung des Hundes erscheinen. Die Videokamera hat im Training einige Aufnahmen von dieser Situation aufgezeichnet. Nicht immer war die Handbewegung optimal, so dass der Hund zwischendurch von der Wand abgesprungen ist. Im mentalen Training forme ich die richtige Haltung der Hand, indem ich sie mir immer wieder vorstelle. Verbal sage ich zu mir, halte die Hand gestreckt nach unten Richtung den Boden, als ob dort das Leckerchen liegt. Vor meinem Auge erscheint das Bild der gestreckten Hand, die von der Kontaktzone nach unten auf den Boden zeigt, und dem Hund, der mit den Vorderpfoten eindeutig in der Kontaktzone steht und seine Belohnung erwartet. Dieses Bild und diesen Satz übe ich immer wieder ein. Es ist eine Art Suggestion, wie sie auch in der Werbung angewendet wird, und uns zum Kauf bestimmter Produkte animiert.

Autosuggestion – verstärkende Selbstaussagen – sollten positive Gedanken sein, über die wir Geist und Körper stimulieren. So können beeinflussende Sätze zur richtigen Motivation eingesetzt werden. Sie können das Selbstbewusstsein und die Konzentration stärken und Angst abbauen. Selbstbewusstes Handeln zeigt dem Hund, dass man sicher ist, mit ihm diesen Parcours zu bewältigen. Unsicherheit überträgt sich auf den Hund und lässt ihn anders handeln als im Training.

Der Satz könnte lauten: „Wir werden unser Ziel erreichen.“ (Stelle dir vor, welches Ziel du erreichen möchtest. Hast du eine

Die kleine Ruhepause hat sich „Nat aus dem Barock“ wohlverdient.

Die Sieger des Mini- und des Standardwettbewerbes nehmen die Ehrung gelassen – in sehr unterschiedlicher Weise – hin.

Serie von Stangenabwürfen hinter dir, ist es vielleicht dein Wunsch, das Ziel fehlerfrei zu erreichen.) Dieser Satz wird so oft wiederholt, bis er im Unterbewusstsein eingeprägt ist und Sicherheit vor dem Start gibt. Nach einer Periode von Disqualifikationen habe ich mir einige Sätze aufgeschrieben. Dieses Heftchen hatte ich vergessen. Als ich es nach etwa zwei Jahren wieder fand und die Sätze las, musste ich feststellen, dass sie noch von Bedeutung waren.

Sie lauten:

- Dein Hund ist immer gut.
  Oft hatte ich das Gefühl, mein Hund wäre „nicht gut drauf“. Ich suchte eine Entschuldigung für mein eigenes negatives Gefühl.
- Verlange von deinem Hund nur Können, das antrainiert wurde.
- Konzentriere dich auf deinen Hund und euer Können.
  Diese Sätze sind entstanden, als ich mich vom Umfeld ablenken und beeinflussen ließ.

- Achte auf korrekte Handzeichen (keine Windmühlen!).
  Unter Anspannung habe ich Schwierigkeiten, meinen Körper zu beherrschen.
- Lass dich durch vermeintliche Fehlentscheidungen nicht beeinflussen.
- Gib nie vor dem letzten Hindernis auf.

Die richtige mentale Einstellung muss antrainiert werden. Ohne regelmäßige Übung kommt eine Wirkung nicht zustande. Persönlich empfinde ich es als bedauernswert, das Kurse in der VHS oder Seminare von anderen Institutionen immer nur als Kurzkurse ohne regelmäßige Wiederholung angeboten werden, da das Training nach einiger Zeit durch das Alltagsgeschehen vernachlässigt und oft ganz aufgegeben wird. Ein regelmäßiges Angebot würde zur Motivation und zum Durchhalten der Übungen beitragen.

Sind die ersten Turniere mehr oder weniger erfolgreich gewesen, hat man sich vielleicht mit dem Virus Agility infiziert. Ist man zudem noch bereit, die Wochenenden auf den Turnierplätzen zu verbringen, kann die Laufbahn einer Agility-Karriere beginnen. Um in der höchsten Level mitlaufen zu können, muss man sich immer wieder neu orientieren, sich mit den veränderten Anforderungen auseinandersetzen und auch bereit sein, Disqualifikationen nicht als Niederlage, sondern nur als Herausforderung anzusehen. Zuschauen, Zuhören, Diskutieren, neue Methoden auszuprobieren und – wenn sie als gut zu betrachten sind – einzutrainieren, sind die Voraussetzung für das eigene Weiterkommen und für die Entwicklung dieses fantastischen Sports.

5 Beispielparcours

Zunächst wurden hier einige sehr starre Beispiele von Trainingseinheiten vorgegeben. Es erleichtert Hund und Hundeführer, Bewegungsabläufe in gegenseitiger Beziehung kennen zu lernen. Im weiteren Verlauf des Trainings reichen diese starren Gebilde längst nicht aus. In den Erläuterungen der Parcours wird immer wieder auf diese Einheiten hingewiesen. Sie sollten Anregungen zur Weiterentwicklung der Einheiten bis hin zum kompletten Parcours bieten. Alle möglichen Varianten können geübt werden. Bewusst beschreibe ich nicht einzelne Führweisen, da sie individuell unterschiedlich sind. Die Führweise, die das jeweiligen Team zum erwünschten Ziel führt, ist für dieses Team die richtige Art die Aufgaben zu lösen.

Beispiele zur Geraden (Abb. S. 150)
Zwei Geraden, die miteinander verbunden werden können.

Gestartet werden kann auf dem Tisch oder über den Weitsprung mit dem Ziel Tisch. Ist der erste Sprung der Weitsprung, folgen zwei für das Verständnis des Hundeführers schräg gestellte Hürden, die vom Hund aber gerade genommen werden sollten, da der Reifen in gerader Linie gesprungen werden muss.

Die zweite Gerade beginnt mit dem Gattersprung und endet mit der A-Wand. Das Kontaktzonengerät sollte am Ende der Geraden stehen, damit der Hund keinen weiteren Sprung vor Augen hat und auf seinen Hundeführer wartet. Der Hundeführer sollte die Kontaktzonen im Training immer kontrollieren.

Diese beiden Geraden können verbunden werden, wenn der Hund vom Tisch startet und eine Wendung nach dem Weitsprung vollzogen wird. Arbeitet der Hund schon schnell und selbstständig, kann der Hundeführer den Hund vorausschicken und eine gute Stellung an der zweiten Geraden einnehmen, um anschließend an der Kontaktzone zu kontrollieren.

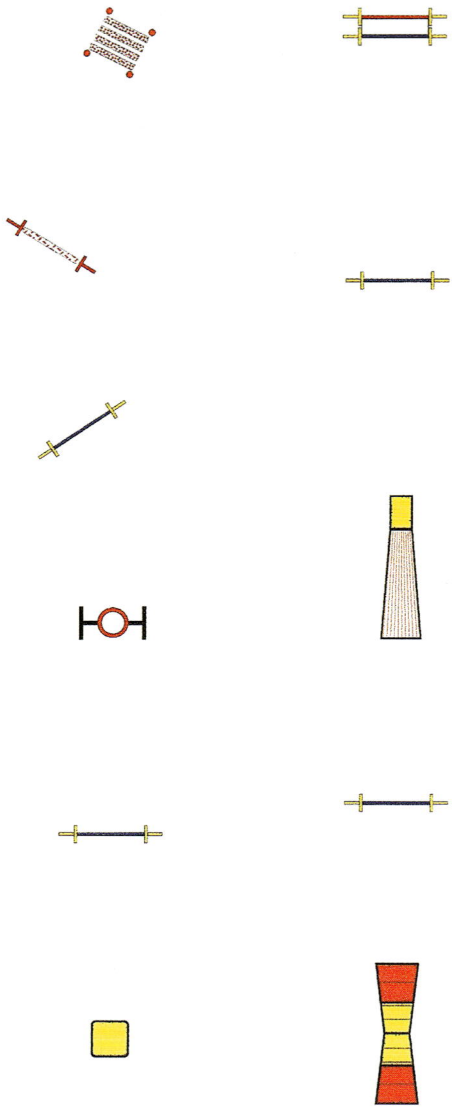

Zwei Geraden, die miteinander verbunden werden können.
Achtung: Kontaktzonengerät am Ende!

Der **A1-Parcours des belgischen Richters Emil Vervoort vom 01. 12. 96** (Abb. S. 152) zeigt zwei klassische Formen der Parcours. Einen unsymmetrischen Kreisel aus den Hindernissen 3, 4, und 5, die auch die erste Schwierigkeit des Parcours ergeben, da der Hund vom Laufdiel sowohl das Hindernis 3 als auch das Hindernis 5 in gleicher Weise sieht und annehmen könnte.

Zum Ende dieses Parcours ist eine Gerade aus den Hindernissen 15, 16, 17 und 18 gestellt. Bei dieser Geraden ist ein Knackpunkt nach dem Hindernis 15 zu beachten. Läuft der Hundeführer nach dem Weitsprung einen Bogen, um Hindernis 16 auszuweichen, könnte der Hund diese Laufrichtung annehmen, weil der Hund in dieser Richtung zusätzlich den Eingang des Stofftunnels sieht.

Geführt werden muss der Hund auch zum Eingang des Stofftunnels nach der Wippe, da der Hund diesen nicht sieht. Im weiteren Verlauf sieht der Hund in Laufrichtung nach der A-Wand den Reifen. Nach der Kontrolle an der Kontaktzone muss dem Hund hier die Richtung auf den Tisch gegeben werden.

Das richtige Einfädeln vom Tisch in den Slalom dürfte für Hundeführer und Hunde, die in Level Eins laufen, eine besonders schwierige Aufgabe darstellen. Der Hund muss hier konsequent auf den Slalom zu geführt werden. Er ist als nächstes Gerät für den Hund nicht zu erkennen. Der Hundeführer sollte aus dem Training wissen, in welcher Weise er seinen Hund an den Slalom heran führen kann.

Der **A1-Parcours von Richterin Christa Bremer vom 24.08.96** (Abb. S. 153) beginnt mit einer Geraden, in der das zweite Hindernis der Reifen ist. Der Reifen bedeutet für Hunde in Level Eins oft noch einen Unsicherheitsfaktor. Der Hundeführer muss hier schon am Reifen und danach die Kontaktzonen der A-Wand kontrollieren. Der Hund muss am Abgang gut kontrolliert werden, da der Tunneleingang viele Hunde besonders anzieht.

Im weiteren Verlauf ist der Hund über die Hindernisse 5, 6, den Tisch und über das Hindernis 8 in den Slalom zu führen. Es ist ein langer Weg am Slalom vorbei, um das richtige Einfädeln zu ermöglichen. Danach geht es durch die Röhre in einen Kreisel aus drei Hindernissen und nochmals über eine Gerade mit dem Laufdiel als Kontaktzonengerät ins Ziel. Der Hundeführer muss hier noch-

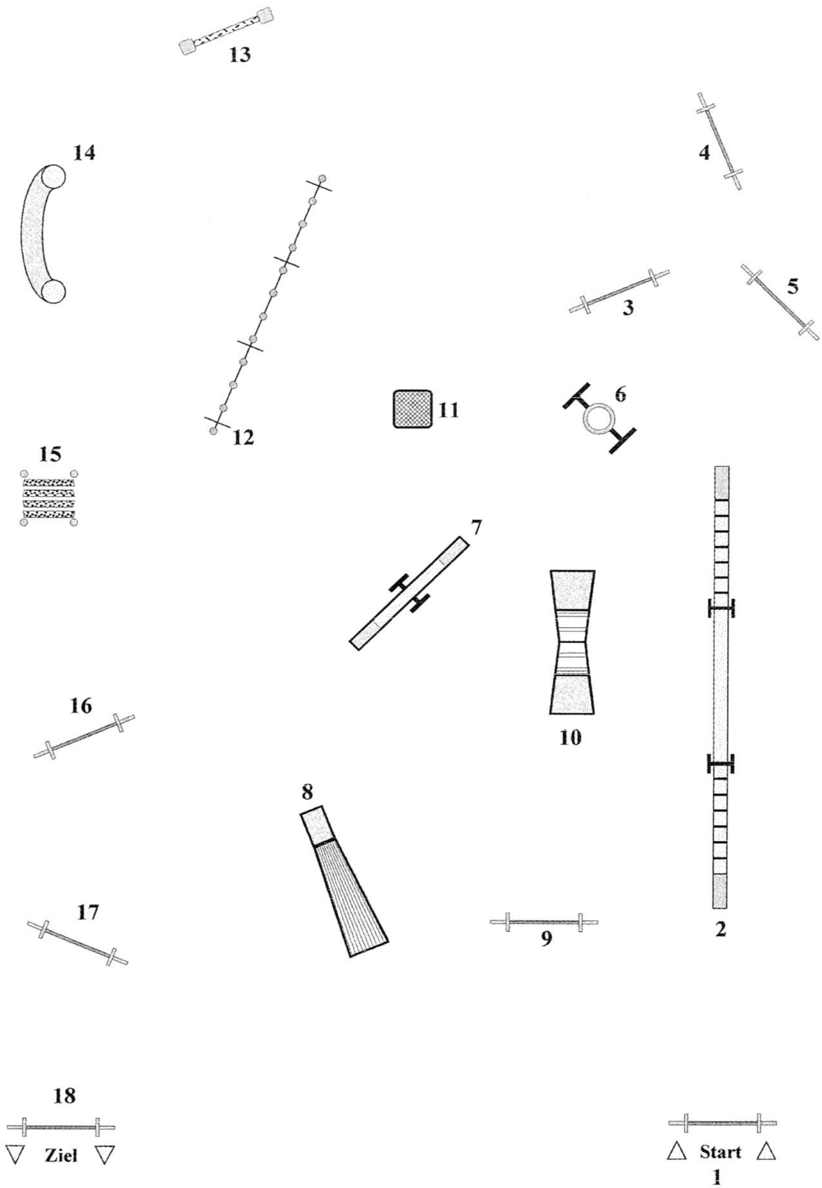

A1-Parcours (55 s). CBP-Duisburg vom 1. 12. 96. Richter: E. Vervoort.

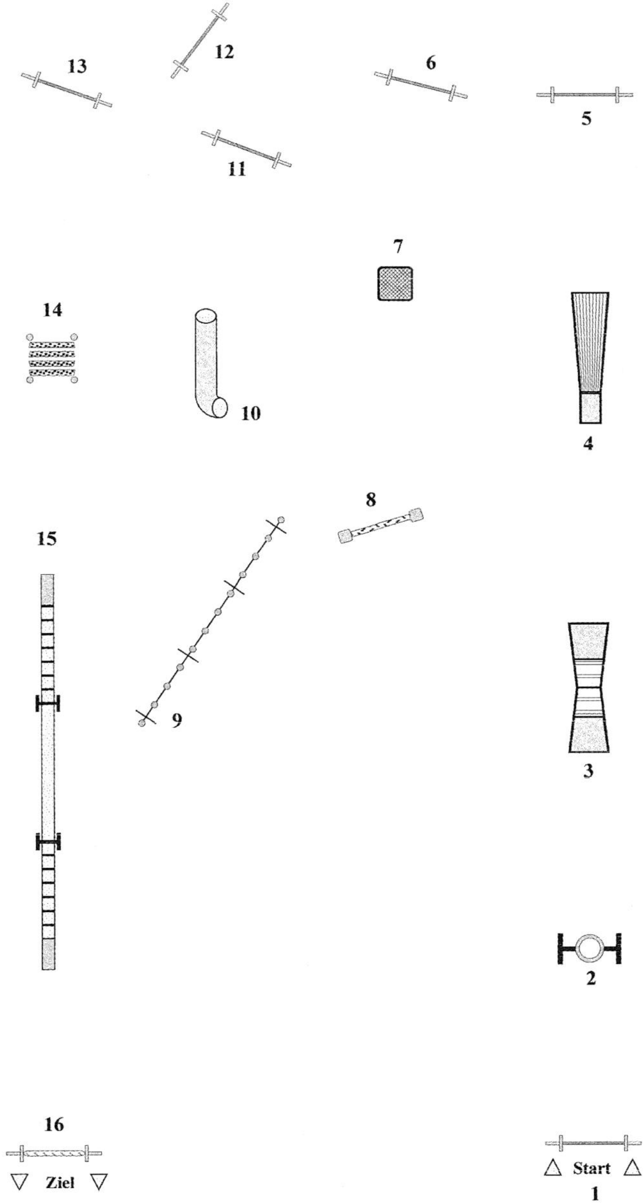

A1-Parcours. Rheine vom 24. 8. 96. Richter: C. Bremer.

mals die Geschwindigkeit kontrollieren, damit der Hund die Kontaktzonen sauber nimmt.

Der **A1-Parcours von U. Hoeppner** Abb. S. 155) gestellt in Dortmund-Wickede-Asseln hat im Bereich der Hindernisse 5, 6, 9, 10 und 15 einige schwierige Passagen. Dieser Mittelpunkt muss dreimal durchquert werden. Immer kommt der Hund in Konflikt, da mehrere Geräte in seiner Laufrichtung stehen. Nur ganz klare Signale können dem Hund helfen, den richtigen Weg zu nehmen.

Die schwierigste Passage sehe ich nach dem Sprung durch den Reifen. Während man nach dem Laufdiel Sprung 15 noch sperren kann, ist dieses beim Laufdiel aufgrund des weiten Weges kaum möglich. Der Weg des Hundeführers geht in gerader Linie auf diese Gerät zu. In den Tunnel muss der Hund geführt werden, da der Eingang für ihn nicht sichtbar ist. Hier sollte der Hundeführer den Vorteil seines kürzeren Weges ausnutzen, um in Höhe des Tunneleingangs dem Hund die Richtung anzugeben.

Bei der dritten Durchquerung muss der Hundeführer wiederum sehr schnell sein. An der A-Wand muss er noch bei seinem Hund sein, um die Kontaktzone zu kontrollieren, und dann ganz schnell mit seinem Hund laufen, um ihm am Ausgang ganz klar den Weg voran über Hindernis 15 anzugeben und dann über die Sprünge 16 und 17 ins Ziel zu gelangen.

Ein **A1-Parcours von H.-G. Hertrich vom 18.04.99** in Werdohl (Abb. S. 156).

In gerader Linie geht es zunächst über drei Sprünge auf die Wand. Da die Hunde auf dieser Strecke schon Geschwindigkeit entwickeln, sind sie an den Kontaktzonen zu kontrollieren. Die Kombination Kontaktzonen und Reifen lässt die Hunde schnell zu früh von den Zonen abspringen, da sie sich schon jetzt auf den Mittelpunkt des Reifens konzentrieren.

Wird der Hund an der rechten Seite des Hundeführers in einem Bogen über die Hindernisse 6 und 7 weitergeführt, sollte der Hund den Slalom optimal einfädeln können.

Nochmals Acht geben muss der Hundeführer im Quadrat. Hier ist nach dem Slalom über den Sprung 9 Sprung 18 für den Hund in Sprungrichtung. Der Hund muss hier angesprochen und über Sprung 10 in die Röhre geschickt werden.

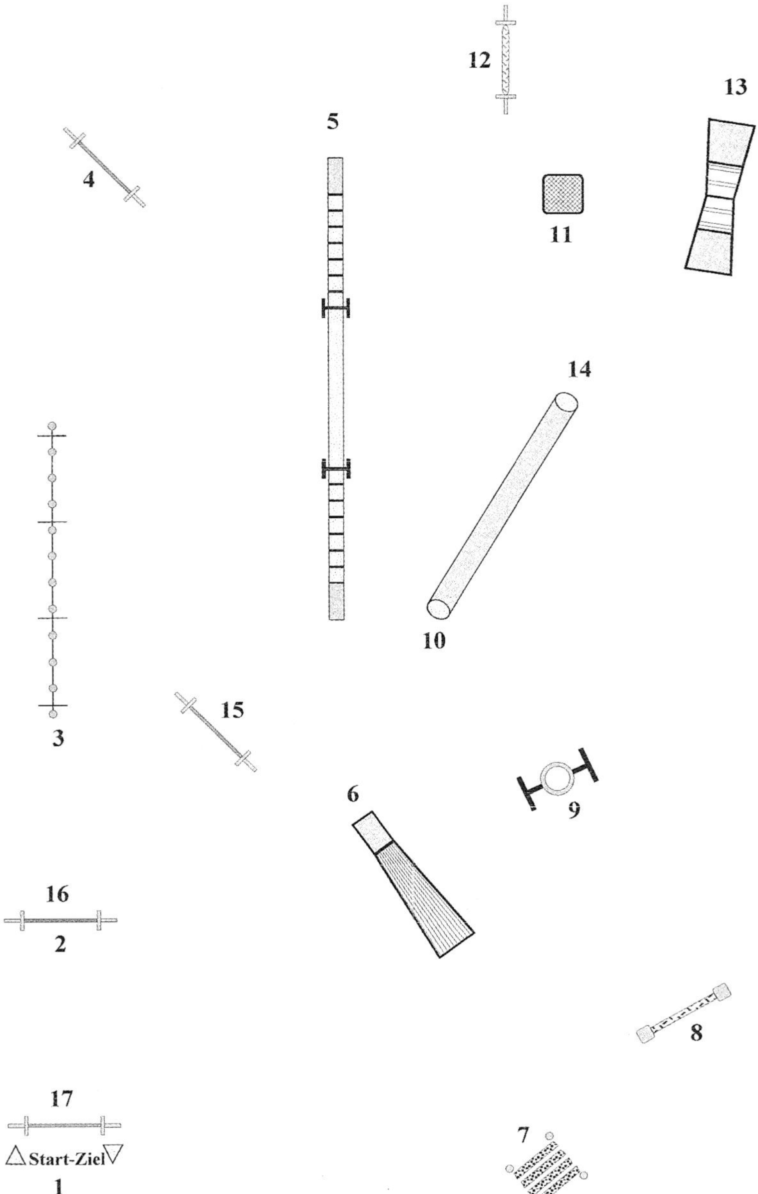

A1-Parcours. Wickede-Asseln. Richter: U. Höppner.

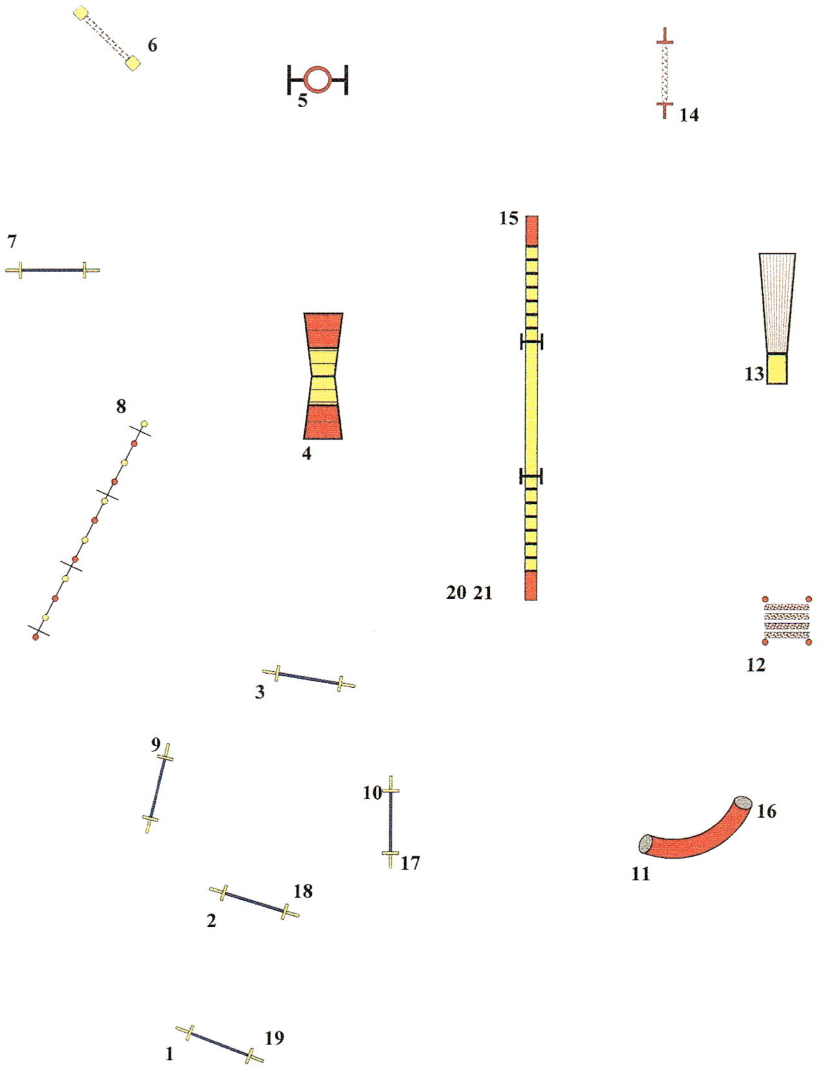

A1-Parcours. DPK Werdohl vom 18. 4. 99. Richter: H.-G. Hertrich.

Nochmals erhöhte Aufmerksamkeit ist am Ende des Laufdiels erforderlich, da der Hund direkt in die Röhre sieht, aber links über die Sprünge 17, 18, und 19 ins Ziel gehen sollte.

Ein **A2-Parcours gestellt in Tönisvorst am 07.03.99 von Richter W. Claes** beim Pudelklub (Abb. S. 158).

In diesem Parcours sind die Grundelemente der Treppe zu Beginn, der Kreisel im oberen rechten Eck und die Andeutung eines Quadrates, allerdings nur mit drei Hindernissen, vorhanden. Nach dem Hindernis 2 muss der Hund über einen spitzen Winkel auf das Laufdiel geführt werden. Mit nochmals einem spitzen Winkel geht es in den Stoffsack. Im Verlauf eines Parcours bedeuten spitze Winkel, dass das nächste Gerät außerhalb der Laufrichtung ist, mit der Konsequenz, dass der Hund das nächstfolgende Gerät nicht sieht und geführt werden muss.

Die Kombination A-Wand mit den Hindernissen 11, 12, 13, 14 und 15 weisen die Schwierigkeiten auf, die ich unter „Training kleiner Parcoursabschnitte" beschrieben habe. Die Sprungrichtung des Hundes über das Hindernis 11 ist eigentlich das Hindernis 15. Der Hund muss hier angesprochen und mit klaren Signalen geführt werden. Das gleiche gilt für die Passage von 13 über 14 zu Sprung 15. Auch hier muss die Sprungrichtung kontrolliert werden.

Im weiteren Verlauf ist nochmals eine Richtungskorrektur nach der Wippe anzugeben, damit der Hund den Tunneleingang, der leicht versetzt liegt, richtig sieht.

Ein **A2-Parcours gestellt in Rheine am 05.04.99 von Richter H.-J. Krüger** (Abb. S. 159).

Dieser Parcours zeigt zu Beginn und am Ende zwei Geraden und zwei leicht versetzte parallele Sprünge im Mittelpunkt. Nach der ersten Gerade aus den Hindernissen 1, 2, und 3 steht als Verleitung die A-Wand nach dem Sprung 4. Wird der Hund in einem guten Bogen über das Hindernis 4 geführt – der Abstand zwischen Laufdiel und Röhre erlaubt dies –, kann der Hund die nächsten Hindernisse in einer geraden Linie überspringen.

Über Hindernis 6 springt der Hund ins Leere. Mit dem richtigen Timing der Richtungskorrektur kann hier Zeit gewonnen werden.

Zwischen den Hindernissen 7 und 8 ist ein Wechsel nötig, da die A-Wand wiederum als Verleitung hinter dem Sprung 8 steht,

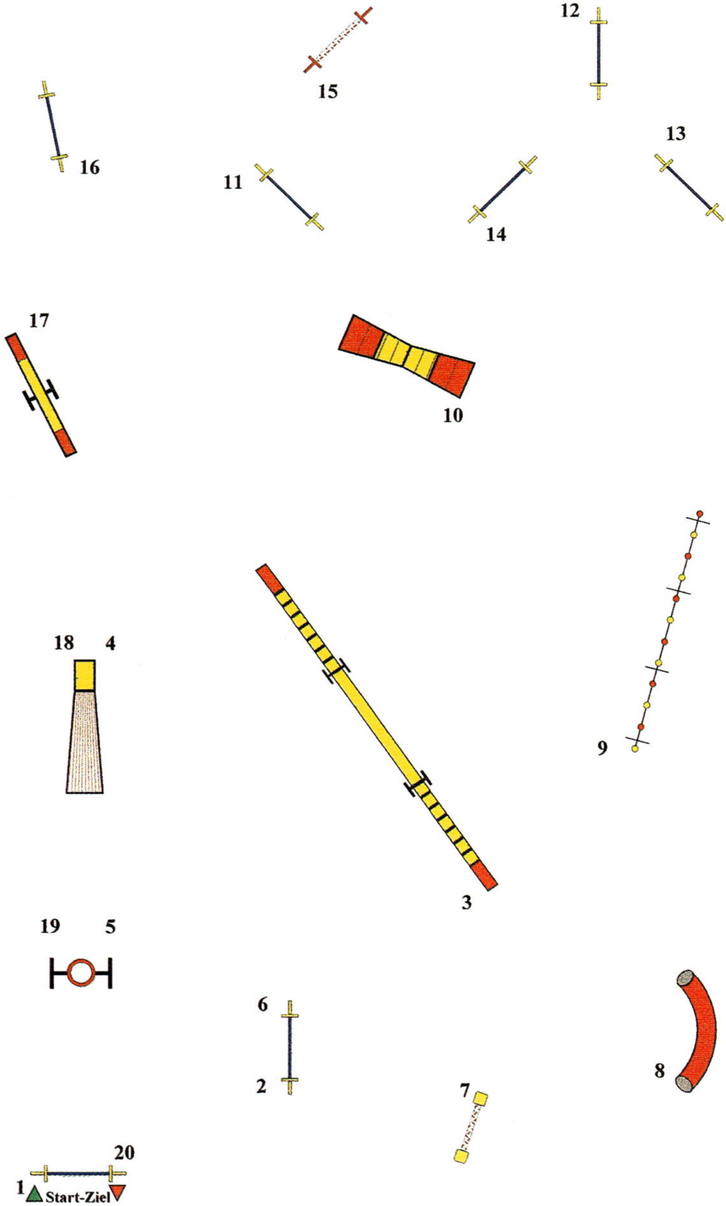

A2-Parcours. DPK Tönisvorst vom 7. 3. 99. Richter: W. Claas.

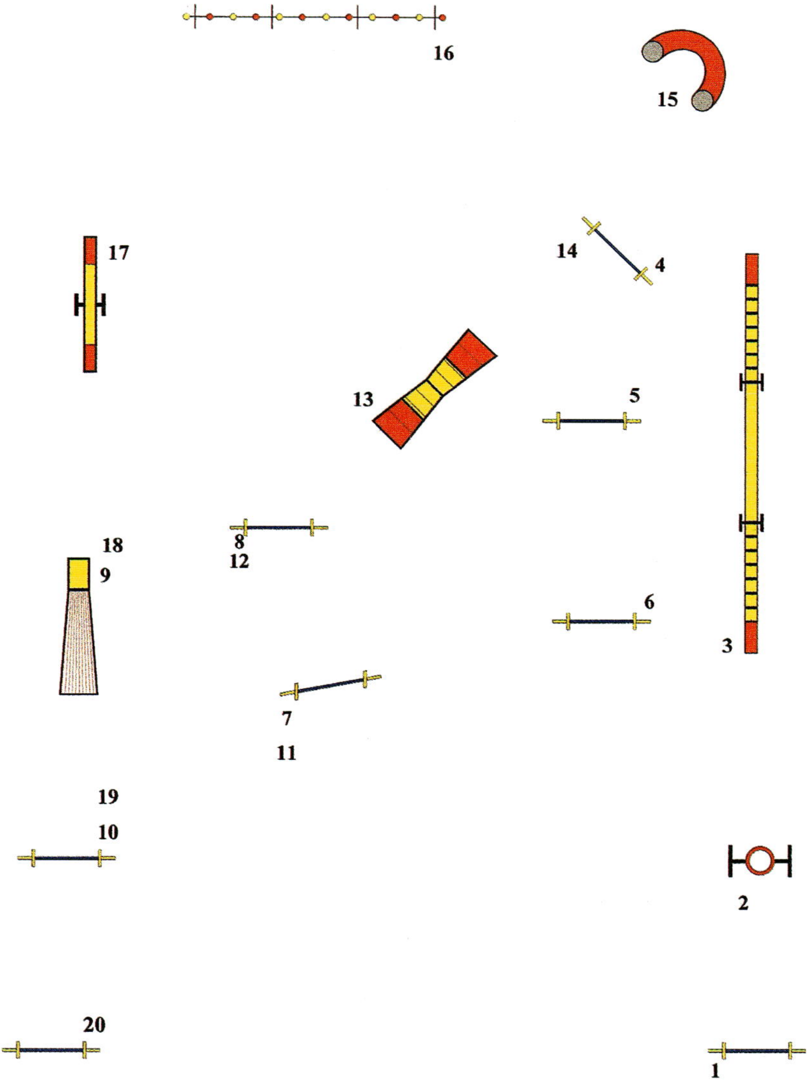

A2-Parcours. DVG MV Rheine-Altenrheine vom 5. 4. 99. Richter: H.-J. Krüger.

der Hund aber über einen spitzen Winkel in den Stofftunnel geführt werden muss. Aus dem Sacktunnel nach Sprung 10 muss nochmals durch ein konsequentes Kommando eine Richtungsänderung eingeleitet werden, um den Parcours der Reihenfolge nach zu beenden.

Ein **A3-Parcours von H.-G. Hertrich gestellt in Werdohl am 18. 04. 99** (Abb. S. 161).

Richtig geführt ist ein schöner runder Lauf für die Hunde möglich. Leider habe ich keine Zeit- und Längenangaben zu diesem Parcours. Über die ersten drei Hindernisse, leicht schräg gestellt, geht es in gerader Linie über die A-Wand. Nach der Kontaktzone ist der Reifen gestellt. Wie schon beschrieben, lässt diese Kombination die Hunde bei nachlässiger Führung dort leicht abspringen.

Nach dem Reifen muss auf korrekte Körpersprache geachtet werden, da der Hund den rechten Tunneleingang nehmen muss. Große Aufmerksamkeit und konsequente Signale erfordert im weiteren Verlauf die Kombination aus den Hindernissen 2, 3, 12, 13 und 14. Die Hindernisse 2, 3 und 13 deuten ein Quadrat an, das vom Slalom aus durchquert werden muss. An Hindernis 19 vorbei muss der Hund das Laufdiel passieren. Den Abschluss bildet ein runder Bogen durch den Stofftunnel über den Weitsprung und die Hindernisse 18, 19 und 20 ins Ziel.

Die Anforderungen, die Qualifikationsveranstaltungen mit sich bringen, liegen sicherlich nicht allein in fehlerfreien Parcoursdurchläufen. Die Kompensierung der Anspannung vor solchen Läufen ist eine ebenso große Anforderung wie der Lauf selbst. Um an den Qualifikationen teilnehmen zu können, müssen die Teams schon vorher ihre Fähigkeiten beweisen. Alle Teams müssen vorher fehlerfreie vorzügliche Leistungen erbracht haben. Die schon gelaufenen Parcours der Qualifikation zur Weltmeisterschaft 1999 möchte ich aus diesem Grunde nicht analysieren. Sie würden die Parcoursführung zwar erklären, die eigentlichen Anforderungen, die zu bewältigen sind, aber nicht erfassen können, da sie individuell verschieden sind.

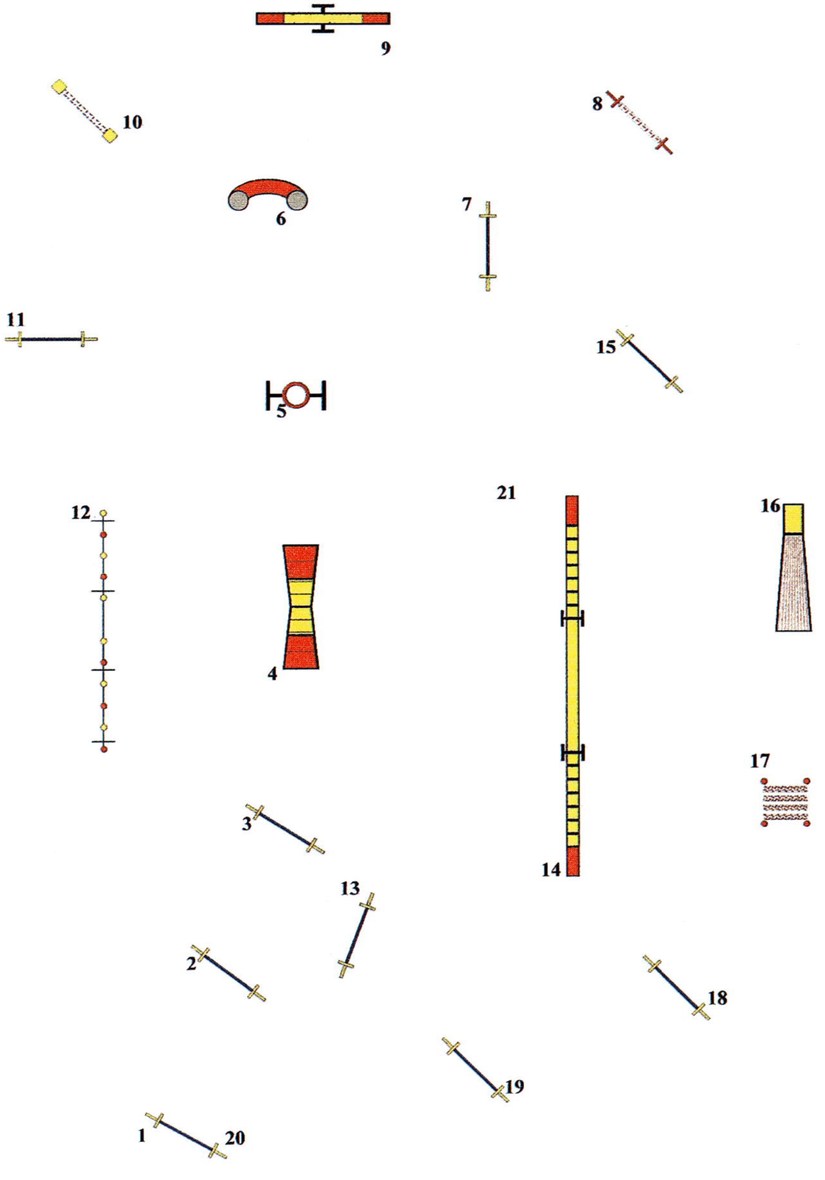

A3-Parcours. DPK Werdohl vom 18. 4. 99. Richter: H.-G. Hertrich.

Ein **Jumpingparcours vom Richter H.-J. Krüger vom 27.04. 1996** (Abb. S. 163) gibt einen guten Einblick in die Vielfältigkeit der Trainingsmöglichkeiten an Übungseinheiten. Der Einstieg bildet eine Stufe aus der Treppe. Danach geht es über den Weitsprung in das Quadrat. Die Hindernisse 5, 6 und 7 bilden einen Kreisel. Danach wird das Quadrat in gerader Linie durchquert. Nach dem Slalom geht es über die Sprünge 13 und 14 nochmals in das Quadrat mit den Hindernissen 15 und 16, um durch den Stofftunnel mit dem Hindernis 19 ins Ziel zu gelangen. Diese Kombinationen erinnern ein wenig an Kirmes: Beim Achterbahnfahren kann einem ganz schön schwindelig werden.

Jumpingparcours vom 05.04.1999 in Rheine von H.-J. Krüger (Abb. S. 164).

Dieser Jumping wurde für alle Leistungsklassen im Agility gestellt, lediglich die Zeiten wurden für die jeweilige Level verändert. Dieser Parcours zeigt zu Beginn und am Ende eine Hürdenkombination, die von mir als Treppe bezeichnet wird. Richtig geführt kann der Hund hier jeweils die Treppen in einer geraden Linie überspringen. Der Slalomeingang dürfte auch für Anfänger gut zu nehmen sein. Vor dem Reifen sollte bei Hunden, die diesen noch nicht sicher springen, das Tempo reduziert werden, damit sie sich auf den Mittelpunkt konzentrieren können. Nach dem Reifen muss dem Hund die Richtungsänderung angegeben werden und er muss so auf das Hindernis 11 zugeführt werden, das er über eine Gerade ins Ziel kommen kann.

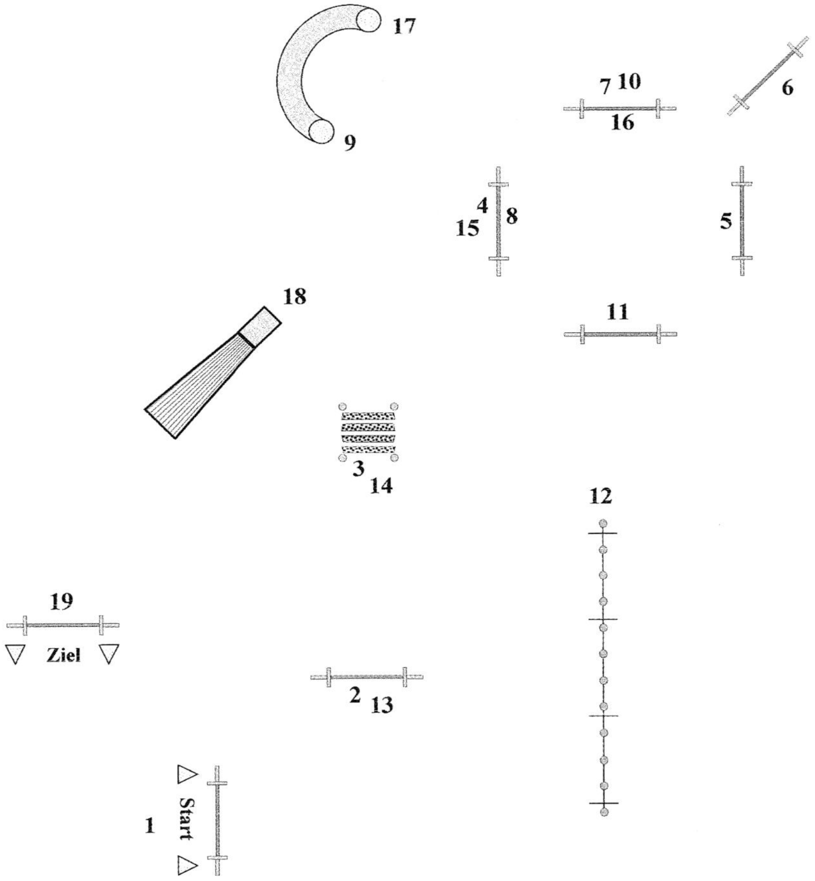

Jumping-Parcours. Bramsche vom 27. 4. 96. Richter: H.-J. Krüger.

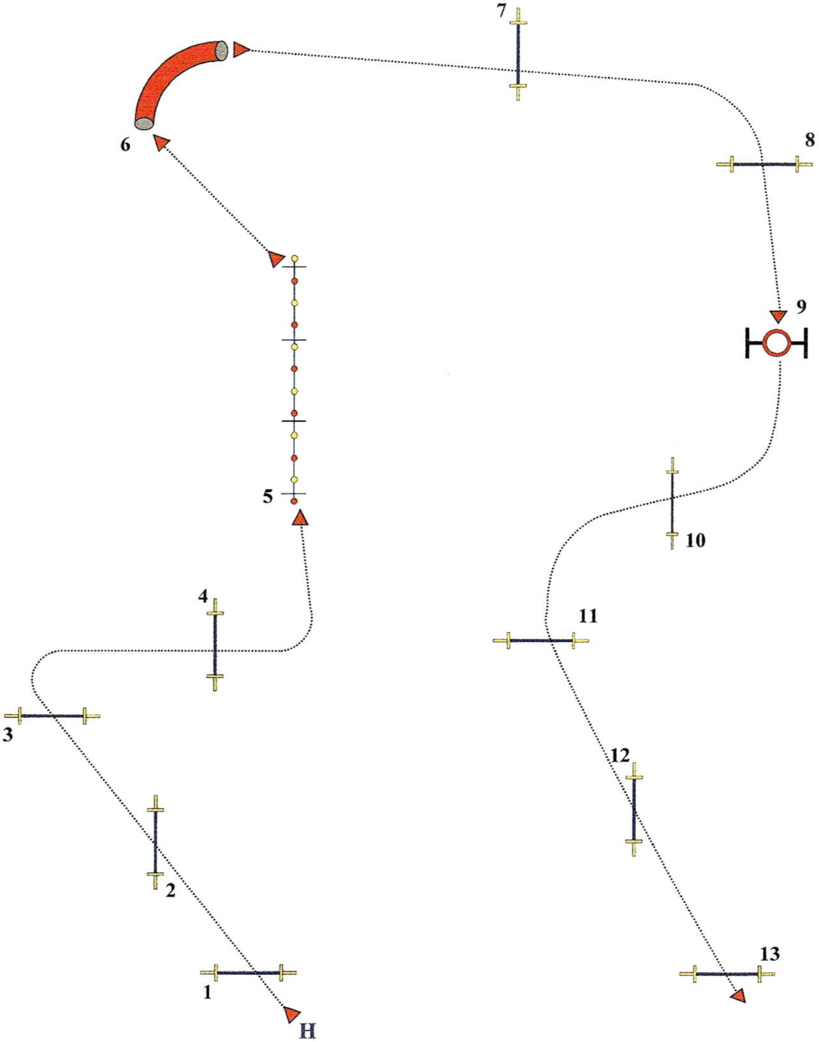

Jumping-Parcours. Rheine-Altenrheine vom 5. 4. 99. Richter: H.-J. Krüger.

Anhand folgender Parcoursbeispiele sieht man, wie sich die Parcours im Laufe der Jahre gewandelt haben.

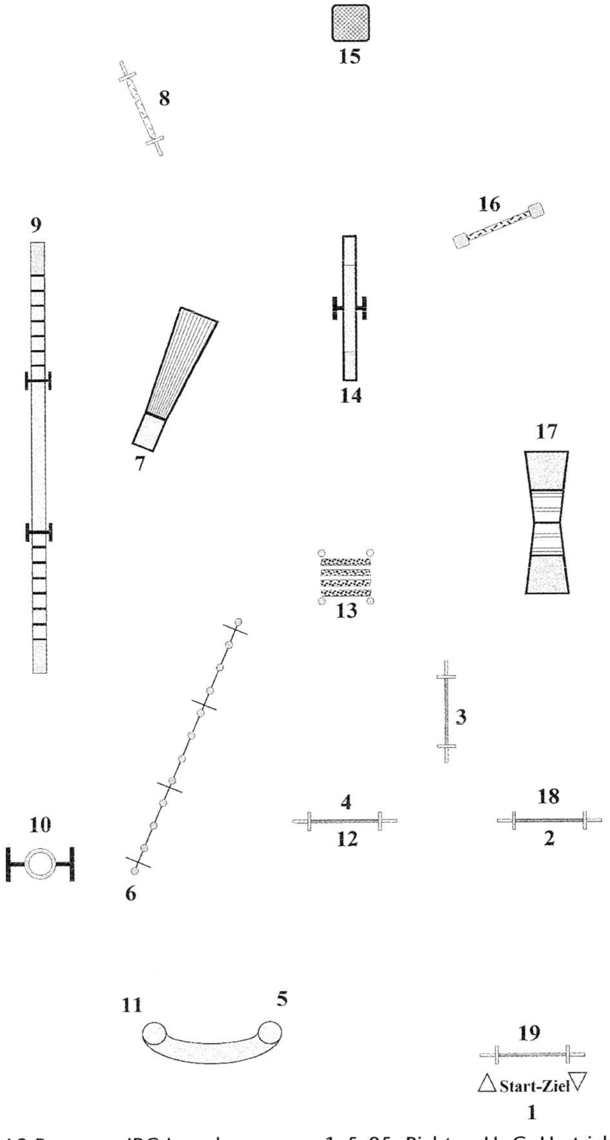

A2-Parcours. IBC-Leverkusen vom 1. 5. 95. Richter: H.-G. Hertrich.

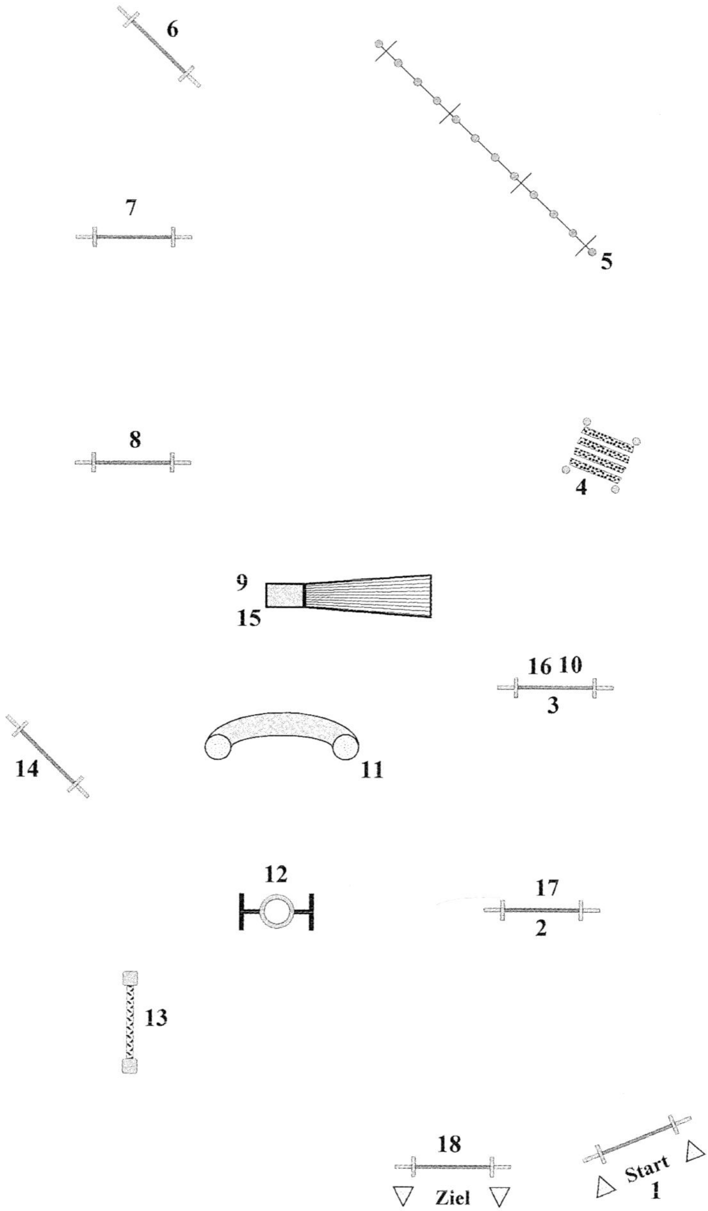

Jumping-Parcours. HSV Marl-Frentrop vom 14. 5. 95. Richter: U. Höppner.

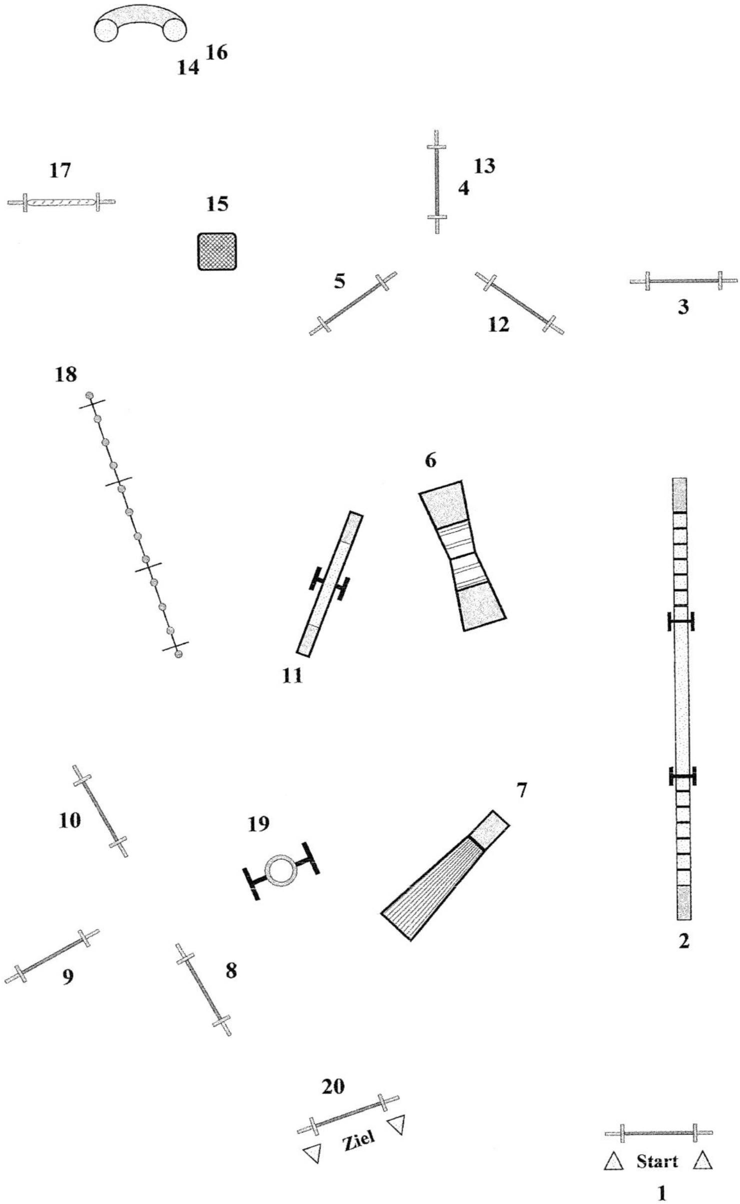

A2-Parcours. Rheine vom 24. 8. 96. Richter: C. Bremer.

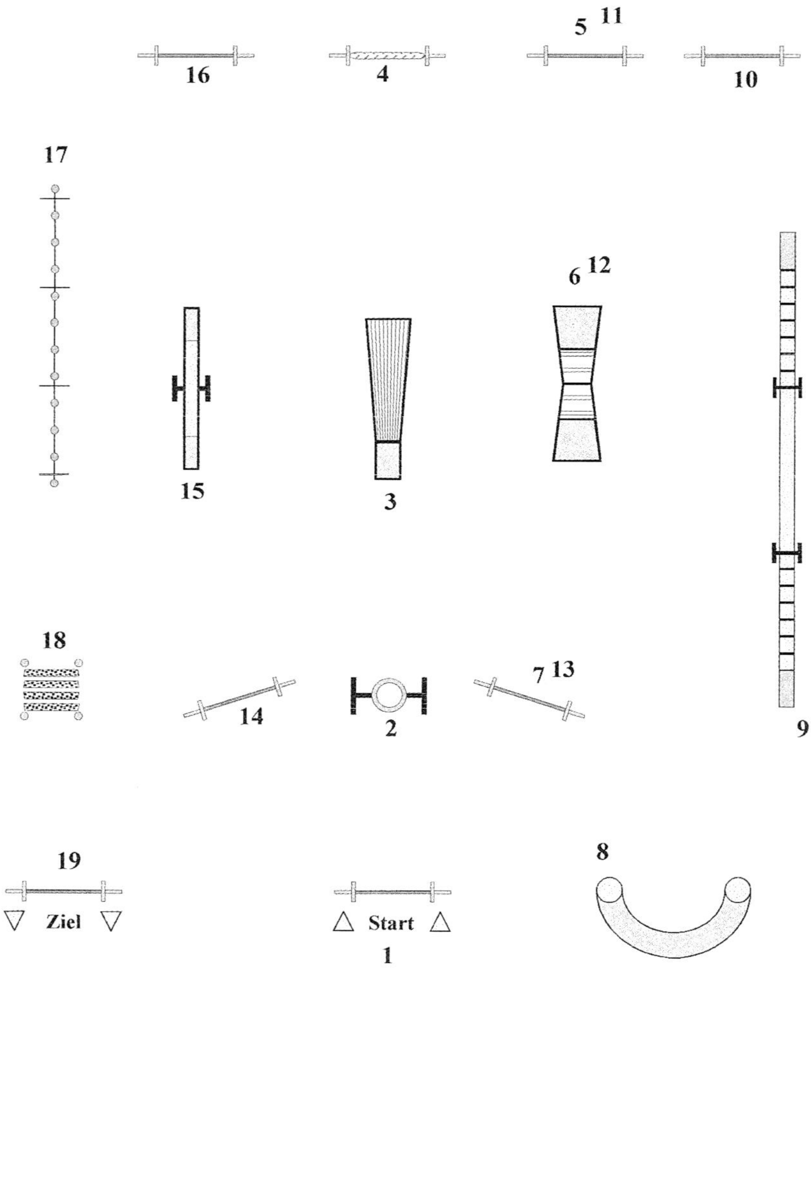

A3-Parcours. Wien vom 9. 11. 96. Richter: F. Eiffes.

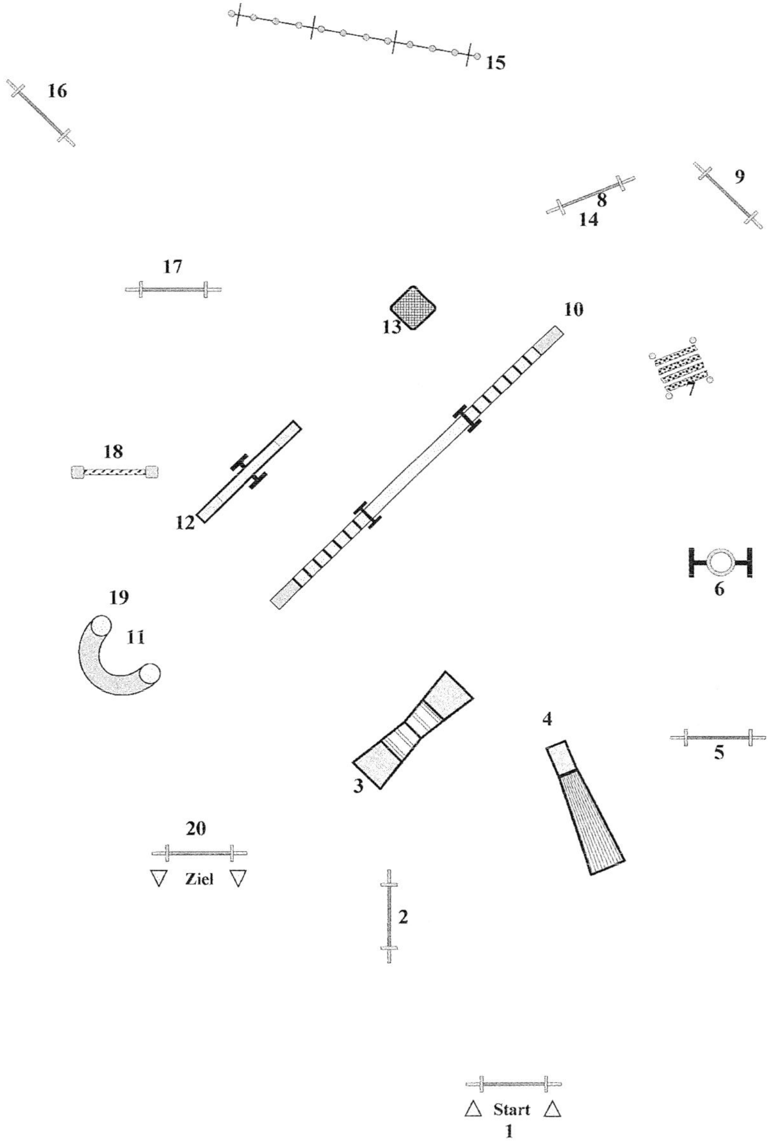

A3-Parcours (51 s). CBP-Duisburg vom 1. 12. 96. Richter: E. Vervoort.

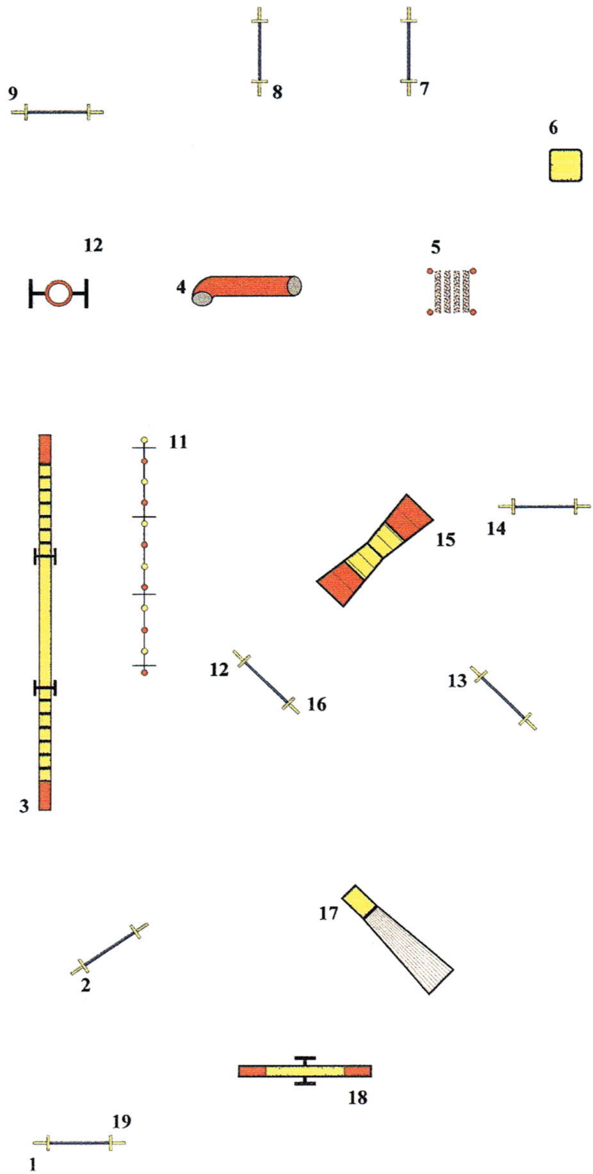

1. Lauf WM-Qualifikation in Werdohl vom 17. 4. 99. Richter: U. Hoeppner.
Länge = 151 m/t_s = 48,0 s/t_{max} = 73,0 s

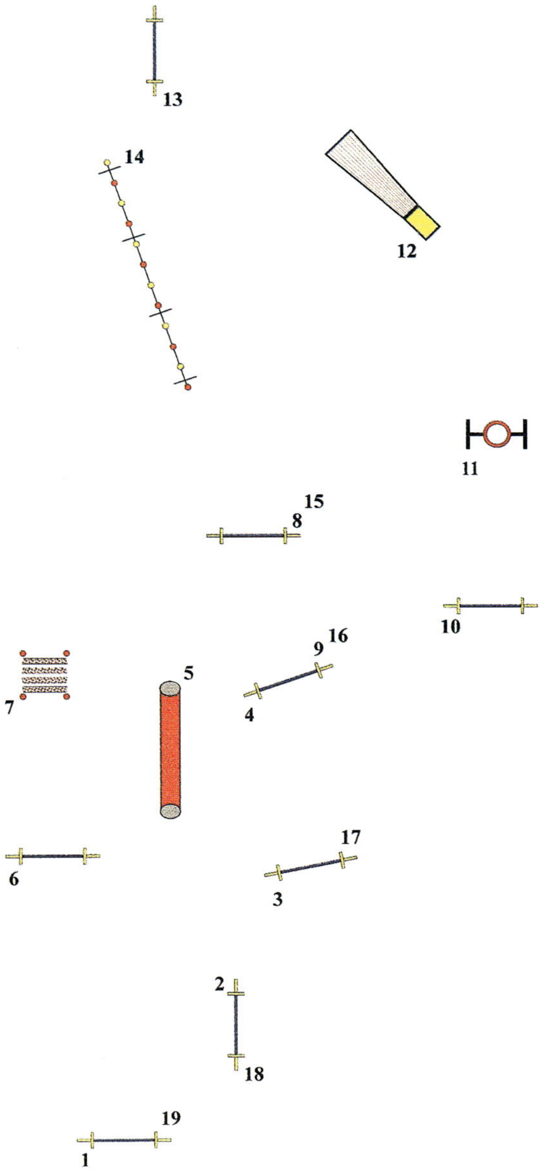

1. Lauf WM-Qualifikation Werdohl vom 17. 4. 99. Richter: U. Höppner.
Länge = 117 m/t_s = 27,0 s/t_{max} = 54,0 s

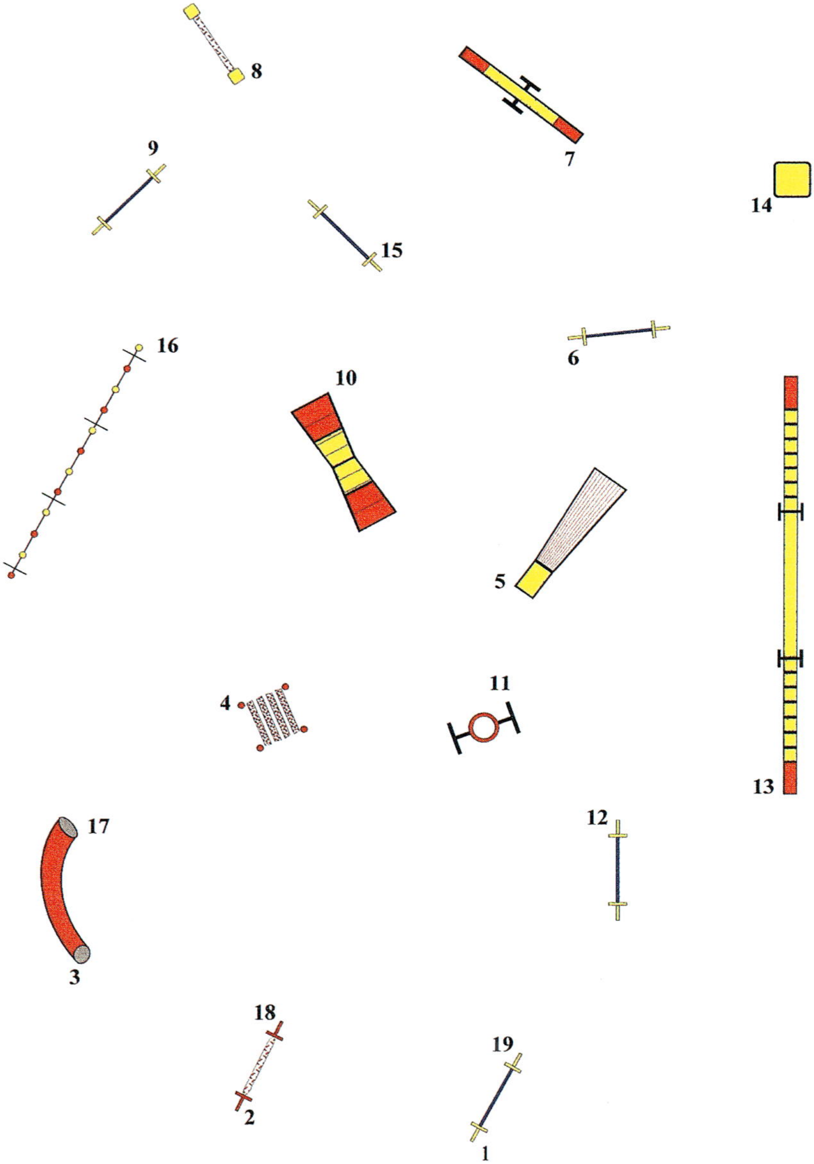

A3-Parcours. 2. WM-Qualifikationslauf in der Westfalenhalle Dortmund vom 1. 5. 99.
Richter: H.-G. Hertrich.
Länge = 139 m/t_s = 43,0 s/t_{max} = 86,0 s

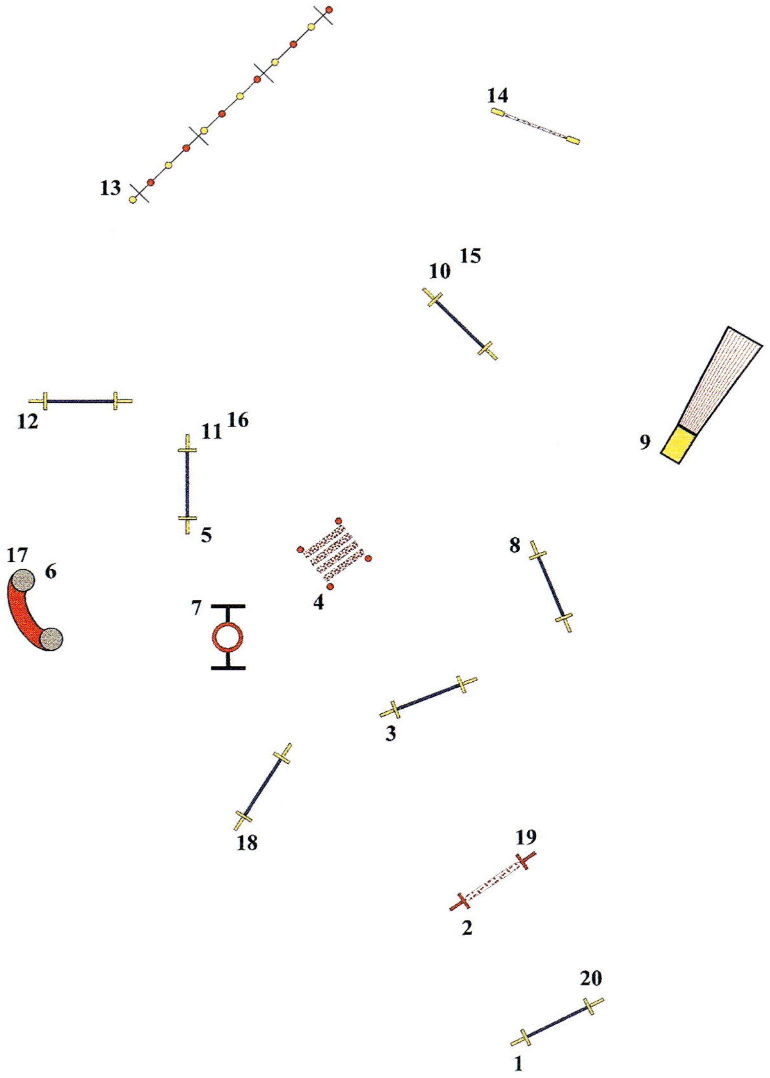

Jumping-Parcours. 2. WM-Qualifikationslauf in der Westfalenhalle Dortmund vom 1.5.99. Richter: H.-G. Hertrich.
Länge = 127 m/t_s = 35,0 s/t_{max} = 70,0 s

AGILITY – REGLEMENT DER FEDERATION CYNOLOGIQUE INTERNATIONALE

A – ALLGEMEINE VERFASSUNG

Die Landesorganisationen (L. A. O.) werden aufgefordert, die Agility-Ausübung im Sinne und entsprechend der von der F. C. I. festgelegten Vorschriften zu fördern.

B – AGILITY-REGLEMENT DER F. C. I.

EINFÜHRUNG

Die Agility ist eine Disziplin, die allen Hunden offensteht. Sie besteht darin, sie verschiedene Hindernisse überwinden zu lassen, mit der Absicht, ihre Intelligenz und ihre Gewandtheit zu erproben.

Es handelt sich um ein erzieherisches und sportliches Spiel, welches ihre gute Einfügung in die Gesellschaft begünstigt.

Diese Disziplin setzt eine gute Harmonie zwischen dem Hund und seinem Führer voraus und endet in perfektem Einvernehmen in ihrer Gruppe. Es ist also notwendig, daß die Teilnehmer die elementaren Grundlagen von Erziehung und Gehorsam besitzen.

STRECKE

Die Strecke setzt sich aus Hindernisse zusammen, die je nach ihrer Aufstellung dem Verlauf der Strecke eine Eigentümlichkeit geben, die dieselbe mehr oder weniger komplex und mehr oder weniger schnell macht.

Die Strecke muß durch den Hund in einer festgesetzten Basiszeit zurückgelegt werden, sowie in einer festgesetzten Reihenfolge der Hindernisse.

1. ALLGEMEINES

Das zur Anlage einer Agility-Strecke notwendige Gelände muß wenigstens 20 × 40 m messen. Im Falle einer Anlage von zwei Strecken empfiehlt es sich, eine geschlossene Abtrennung mit Barrieren anzulegen, oder die Strecken in ungefähr 10 m Entfernung anzulegen.

Die eigentliche Strecke hat eine Länge von 100 bis 200 m und umfaßt, je nach Kategorie der Prüfungen, 12 bis 20 Hindernisse, darunter Minimum 7 Sprünge.

- Die zweifachen Hindernisse (die mit einem einzigen Sprung überwunden werden) haben eine Gesamtbreite von maximal 0,55 m für die Standards und 0,35 m für die Minis.
- Die Kombinationen von zwei oder drei Hindernissen zählen als ein einziges Hindernis, aber jedes Element wird unabhängig beurteilt. Die Distanz zwischen den Elementen soll höchstens 5 Schritte (cirka 3,50 m) betragen. Diese Kombinationen dürfen nur aus Lattenhürden bestehen.

- Die Distanz zwischen zwei sich folgenden Hindernissen soll ungefähr 5 bis 7 m betragen.

2. STRECKENVERLAUF

Der Verlauf der Strecke wird der ganzen Phantasie des Richters überlassen, aber zwangsläufig muß der Verlauf wenigstens „zwei Richtungswechsel" umfassen.

Vor Beginn der Prüfungen versichert er sich der zur Verfügung gestellten Hindernisse und, nachdem er ihre Konformität überprüft hat, macht er seinen Plan der Strecke und übergibt ihn den Organisatoren, zwecks Aufstellung der Hindernisse, gemäß dem festgelegten Plan. Anschließend überprüft er die Anlage und läßt genauestens seine Länge messen.

Eine gut ausgedachte Strecke soll es dem Hund erlauben, leicht und fließend voranzukommen.

Der Zweck besteht darin, ein genaues Gleichgewicht zu finden zwischen der Kontrolle des Hundes, um Fehler bei den Hindernissen zu vermeiden, und der Geschwindigkeit bei der Ausführung. Im allgemeinen ist es angeraten, ständig den Verlauf und die Stellung der Hindernisse zu verändern, um jede Mechanisierung des Hundes zu vermeiden.

3. ABLAUF DES WETTBEWERBES

Auf dem Prüfungsgelände ist keinerlei Training erlaubt. Nur die Erkundung der Strecke durch den Hundeführer, ohne seinen Hund, ist erlaubt. Vor Beginn einer jeden Prüfung versammelt der Richter die Konkurrenten, um ihnen genaue Einzelheiten über die Prüfung, die Standardzeit und die Maximalzeit für die Strecke, die er festgehalten hat, bekanntzugeben; er erinnert sie an die Wettbewerbs-Vorschriften und an die Kriterien für die Notierung.

a) WAHL DER „STANDARDZEIT DER STRECKE"

Das Basiskriterium für die Festsetzung der Standardzeit der Strecke ist die Geschwindigkeit in Meter/Sekunden, die für die Bewegung auf der Strecke festgehalten ist. Diese Wahl wird unter Berücksichtigung der Rangstufe der Prüfung und der Schwierigkeit der Strecke getroffen.

Die Standardzeit für die Strecke (in Sekunden) erhält man, indem man die exakte Länge der Strecke durch die festgehaltene Bewegungsgeschwindigkeit (in m/s) teilt.

Beispiel: Für eine Strecke von 150 m und einer festgehaltenen Geschwindigkeit von 2,5 m/s ist die Standardzeit für die Strecke: 150/2,5 = 60 Sekunden.

b) Bestimmung der „MAXIMALZEIT FÜR DIE STRECKE"

Im allgemeinen gibt der Richter als Maximalzeit für die Strecke das Doppelte der Standardzeit an. Für eine Standardzeit von 60 Sekunden ist die Maximalzeit 120 Sekunden. Sie kann niemals unterhalb des 1,5fachen der Standardzeit liegen.

c) ABLAUF DER PRÜFUNGEN

Der Hundeführer begibt sich an den Start. Sein Hund befindet sich in Grundstellung (stehend, sitzend oder liegend), hinter der „START"-Linie. Er leint den Hund ab und nimmt das Halsband ab, dessen Tragen aus Sicherheitsgründen während der Prüfungen nicht erlaubt ist. Während der Prüfungen darf der Hundeführer nichts in den Händen halten.

Der Hundeführer kann sich an einer von ihm ausgewählten Stelle der Strecke aufstellen.

Er gibt seinem Hund den „Startbefehl" auf Anordnung des Prüfungsrichters, der die Stoppuhr in Gang setzen läßt, sobald der Hund die „Startlinie" überschritten hat.

Kommandolaute und Zeichen sind auf der ganzen Strecke erlaubt.

Der Hundeführer achtet peinlich genau darauf, daß die Hindernisse in der Reihenfolge ihrer Nummern überwunden werden.

Vom „Start"-Signal ab sorgt der Hundeführer dafür, daß sein Hund die Hindernisse in der vorgesehenen Reihenfolge angeht, ohne jemals den Hund oder die Hindernisse zu berühren.

Der Hundeführer darf nicht selbst die Hindernisse überspringen.

Das Ende der Strecke und des Zeitnehmens ist erreicht, wenn der Hund die „Ziel"-Linie überschritten hat.

Alsdann nimmt der Hundeführer seinen Hund wieder an die Leine und verläßt die Strecke.

HINDERNISSE

Die durch die F. C. I. anerkannten Hindernisse sind die folgenden:

- die Hürden
- die Wippe
- der Reifen
- der Viadukt oder die Mauer
- die Schrägwand
- der Weitsprung
- der Tisch
- der Slalom
- der Wassergraben
- der Laufsteg
- der feste Tunnel
- der Sack-Stofftunnel

Die Hindernisse dürfen keine Gefahr für den Hund darstellen und müssen den nachstehenden Beschreibungen (in den Abmessungen) und den beigefügten Skizzen entsprechen.

Diese Hindernisse müssen folgende Abmessungen haben:

DIE HÜRDEN

a) einfache Höhe:

Standard: 55 bis 65 cm

Mini: 30 bis 40 cm

Minimale Breite: 120 cm

Sie können verschiedenartig zwischen den Pfosten konstruiert sein: mit Stangen (Metall oder PVC sind abzuraten) – ausgefüllte Flächen – durchbrochene Flächen, Flächen mit Bürsten (die jedoch oben eine Abwurfstange haben müssen).

b) doppelte:
Bestehend nur aus der Vereinigung von Stabhürden. Sie werden in ansteigender Linie aufgestellt mit einem Höhenunterschied von ungefähr 20 bis 25 cm, die höchste am Schluß und auf eine Höhe von: 55 bis 65 cm für Standards – 30 bis 40 für Minis.

Die Gesamtbreite darf nicht mehr betragen als: 55 cm für Standards und 35 cm für Minis.

DER VIADUKT:
Höhe: Standard 55 bis 65 cm; Mini 30 bis 40 cm.
Mindestbreite 120 cm, Mauerdicke ungefähr 20 cm. Eine ausgefüllte Fläche, die 1 oder 2 Öffnungen in Form eines Tunnels enthält. Auf dem oberen Teil der Mauer werden abnehmbare Elemente in Form eines  aufgesetzt.

DER TISCH:
Oberfläche: Minimum: 0,90 × 0,90 m.
Maximum 1,20 × 1,20 m Höhe: 60 cm für Standard, 35 cm für Minis.

Derselbe muß kippsicher sein, mit einem rutschfesten Belag.

DER LAUFSTEG:
Höhe: Minimum 1,20 m/Maximum 1,35 m
Breite der Lauffläche: Minimum 30 cm/Maximum 40 cm.
Länge eines jeden Elementes: Minimum 3,60 m/Max. 4,20 m.

Die Rampen sind mit kleinen Leisten versehen, die in regelmäßigen Abständen festgenagelt sind (ungefähr alle 25 cm), um den Aufstieg zu erleichtern und das Abrutschen zu verhindern. Die unteren Teile der Rampen müssen auf eine Länge von 90 cm vom Boden an gemessen (auf der Oberseite und den Schmalseiten) angestrichen werden, um so die „Kontaktzone“ anzuzeigen. Es sollte keine Leiste auf der oberen Grenze angebracht sein, sondern in einem Abstand von wenigstens 10 cm.

DIE WIPPE:
Breite: minimal 30 cm/maximal 40 cm.
Länge: minimal 3,65 m/maximal 4,25 m.
Höhe der Mittelachse zum Boden = 1/6 der Bohlenlänge.
Beispiel: L. = 3,65 m, H. = 60 cm.
für L. = 4,25 m, H. = 70 cm.

„Kontaktzone“ wie beim Laufsteg. Sie muß standfest und rutschsicher sein, soll aber keine Leisten enthalten. Bei der Verwendung im MINI-AGILITY sollte man das Einsetzen eines Gegengewichts vorsehen, welches das Wippen begünstigt.

DIE SCHRÄGWAND:
Setzt sich aus zwei Elementen zusammen, die ein A bilden.
Breite: Minimum 0,90 m, die im unteren Teil auf 1,15 m gebracht werden kann.

Höchster Punkt in Bezug auf den Boden: Standards 1,90 m mit einem Winkel von 90 °; Minis: die Schrägwand wird eröffnet und auf 1,70 m heruntergestellt.

Die Rampen sind mit angenagelten Leisten in regelmäßigem Abstand versehen (alle 25 cm), um den Aufstieg zu erleichtern und das Abrutschen zu verhindern. Die unteren Teile der Rampen müssen angestrichen werden (auf der Oberseite und den Schmalseiten) auf einer Länge von 106 cm zum Boden, um die „Kontaktzone" aufzuzeigen.

Keine Leiste sollte auf der oberen Grenze dieser Zone angebracht sein, sondern wenigstens 10 cm Abstand haben.

Der Scheitelpunkt der Schrägwand darf keine Gefahr für den Hund bilden; wenn nötig bringt man eine Firstleiste aus Gummi zum Schutz an.

DER SLALOM:
Anzahl der Pfosten: 8, 10 oder 12, Höhe: Minimum 1 m.
Zwischenraum zwischen den einzelnen Pfosten 50 bis 65 cm.

DER FESTE TUNNEL:
Innerer Durchmesser: 60 cm/Länge 3 bis 6 m.
Flexibel, erlaubt er einen oder mehrere Bogen zu bilden.

DER SACK-STOFFTUNNEL:
Der Eingang wird aus einem festen Bogen von 90 cm Länge gebildet.
Höhe: 60 cm, Breite: 60 bis 65 cm.

Ausgang aus weichem Material. Länge 3 m bis 3,5 m/Durchmesser: 60 bis 65 cm.

DER REIFEN:
Öffnungsdurchmesser: Minimum 38 cm/Maximum 60 cm. Entfernung der Reifenachse zum Boden: Standard 80 cm, Mini 55 cm.

Der untere innere Teil des Reifens muß aus Sicherheitsgründen verschlossen werden.

Der Reifen soll durch ein System von Ketten oder Seilen in der Höhe verstellbar sein; starre Befestigungssysteme sind ausgeschlossen.

DER WEITSPRUNG:
Zusammengesetzt aus (3 bis 5) Elementen, die in Abstand voneinander stehen, um einen Sprung von 1,20 m bis 1,50 m zu ermöglichen. Mini Agility: 60 bis 75 cm, Länge der Elemente: 1,20 m Minimum, Höhe des höchsten Elementes: 28 cm, Höhe des niedrigsten Elementes: 15 cm, Breite der Elemente: 15 cm leicht abfallend.

Die vier Ecken werden durch Pflöcke materialisiert, die ungefähr 1,20 m hoch und oben mit einem Schutz versehen sind.

DER WASSERGRABEN:
Wasseroberfläche: 1,20 × 0,75 m. Sprunglänge: Standard 1,20 m, Mini 0,75 m, Tiefe: max. 10 cm.

Dieses Hindernis umfaßt eine niedrige Hürde nur aus Leisten bestehend. Diese wird immer anfangs des Hindernisses aufgestellt.
Höhe der Leiste: Standards 40 cm, Minis 20 cm.

Die vier Ecken werden durch Pflöcke materialisiert, die ungefähr 1,20 m hoch und oben mit einem Schutz versehen sind.

START UND ZIEL:
Die Pflöcke verwirklichen den „Start" und das „Ziel".

Diese müssen max. 1 m vom Hindernis aufgestellt werden und von der Breite der Sprungstange plus 50 cm Abstand haben.

BEURTEILUNGEN:
Alle Entscheidungen des Richters sind unwiderruflich.

1. ALLGEMEINES

Der Zweck des Umlaufs besteht darin, den Hund dazu zu bringen, die Gesamtheit der Hindernisse in der vorgeschriebenen Reihenfolge ohne Fehler, und in der Standardzeit, zu bewältigen. Jedoch ist die Standardzeit nur eine Angabe, auf keinen Fall darf die Schnelligkeit als hauptsächlichstes Kriterium angesehen werden.

Der Agility-Umlauf ist kein Geschwindigkeitslauf, sondern ein Geschicklichkeitslauf.

Im Falle vom ex-aequo, geht die Entscheidung zu Gunsten des Hundeführers, der die wenigsten Fehler an den Hindernissen hat. Nur im Falle gleicher Anzahl von Fehlern an den Hindernissen berücksichtigt man bei der Klassierung die bessere Zeit. Sollten durch Zufall zwei Hunde ex-aequo sein, sowohl bei den Strafen für die Hindernisse als auch in der Zeit, so kann der Prüfungsrichter einen zusätzlichen Lauf verlangen, um eine Entscheidung zwischen den beiden Konkurrenten herbeizuführen.

2. STRAFPUNKTE

Zwei Arten von Strafpunkten werden angewandt:

- Strafen für Fehler auf der Strecke,
- Strafen für Überschreiten der Standardzeit.

Strafpunkte

a) Überschreiten der Standardzeit: 1 Punkt pro Sekunde.

b) Fehler allgemeiner Art:

- Der Hundeführer darf nicht zwischen den Start- oder Zielpfosten durchgehen; tut er es dennoch, so wird er mit 5 Punkten bestraft und außerdem wird die Stoppuhr bei seinem Durchgang ausgelöst.

- Der Hundeführer berührt absichtlich seinen Hund während des Umlaufes: 5 Punkte (jedes Mal).
- Der Hundeführer berührt absichtlich ein Hindernis: 5 Punkte (jedes Mal).

c) Fehler bei den Hindernissen:
Jeder Fehler wird mit einer Strafe von 5 Punkten geahndet.

- Der Abwurf: Ein Fehler wird angerechnet, wenn eines der Elemente fällt bis zum Durchgang des nächsten Hindernisses.
- Die Verweigerung: Dieser Fehler betrifft ebenso das Anhalten vor dem Hindernis, wie den Hund, der nicht mehr in Bewegung ist, das seitliche Ausbrechen, um das Hindernis zu vermeiden, das Vorbeigehen am Hindernis, welches den Hund zu einer halben Umdrehung zwingt, um das Hindernis erneut anzugehen, der Sprung zwischen Rahmen und Reifen. Der Hund, der den Weitsprung im Gehen macht; der Hund, der eine Pfote oder den Kopf in den Tunnel steckt und sich dann zurückzieht.
- Obligatorische Kontaktzonen
  Auf der Schrägwand, der Wippe und dem Laufsteg muß der Hund unbedingt wenigstens eine Pfote auf die Kontaktzonen setzen, ebenso beim Aufstieg wie beim Abstieg. Jeder Fehler wird mit einer Strafe von 5 Punkten geahndet.
  Im Falle einer „Verweigerung" muß der Hundeführer seinen Hund auf das verweigerte Hindernis erneut ansetzen, sonst muß er ausscheiden. Das gleiche gilt auch für den Slalom, wo der Hundeführer seinen Hund sofort an die Fehlerstelle zurückführen muß.
  Für die anderen Fehler – Abwurf an einem Hindernis oder Nichtberühren der Kontaktzonen – wird eine Strafe angerechnet, aber der Lauf wird nicht unterbrochen.

d) Spezifische Fehler bei einem Hindernis

- Der Tisch
  Auf dem Tisch muß der Hund während 5 Sekunden eine Ruhestellung einnehmen und zwangsläufig in der vorgegebenen Position:
  im ersten Grad: Stellung „Liegend", im zweiten und dritten Grad: Ist es am Prüfungsrichter vor der Prüfung zu bestimmen, welche Position einzuhalten ist, entweder: „Liegen" – „Sitzen" oder „Stehen".
  Die gewählte Stellung ist die gleiche für alle Konkurrenten der Prüfung.
  Wenn der Hund den Tisch vor Ende der 5 Sekunden und vor dem Befehl des Prüfungsrichters verläßt, wird er mit 5 Punkten bestraft. Er muß wieder auf den Tisch zurück, um seine 5 Sekunden zu beenden, sonst scheidet er aus.
  Das Abzählen beginnt erst, wenn der Hund in der vorgegebenen Stellung ist. Es wird unterbrochen, wenn der Hund diese Stellung verläßt und wieder aufgenommen, sobald er sie wieder einnimmt.

Der Sprung auf den Tisch ist von drei Seiten her erlaubt, nämlich A – B und C. Wenn der Hund am Tisch vorbeigeht oder unter dem Tisch geht, so wird er mit einer Verweigerung bestraft. Er kann aber, egal an welcher Seite, auf den Tisch springen und wird nicht ausscheiden wegen Angehens eines Hindernisses von der verkehrten Seite her.

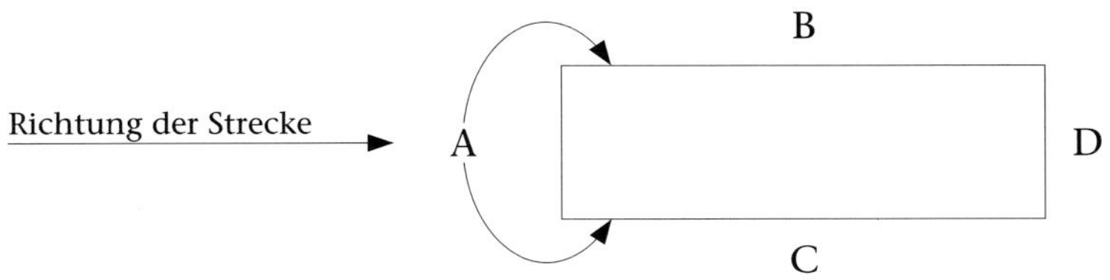

Desgleichen, wenn der Hund über den Tisch rutscht, wird er mit einem Fehler bestraft. Er muß dann aber, egal an welcher Seite, wieder auf den Tisch steigen.

Wenn der Hund unter dem Tisch durchgeht, wird er mit einer Verweigerung bestraft.

- Der Laufsteg: Der Hund, der vom Hindernis springt, ohne vorher mit vier Pfoten den absteigenden Teil berührt zu haben, wird mit einer Verweigerung bestraft: 5 Punkte.
- Die Wippe: Der Hund, der von der Wippe springt, bevor er die Achse der Wippe überschritten hat, wird mit einer Verweigerung bestraft: 5 Punkte. Die Wippe muß zwangsläufig den Boden berühren, bevor der Hund sie verläßt – sonst: Fehler = 5 Punkte.
- Die Schrägwand: Der Hund, der von der Schrägwand springt, bevor er die vier Pfoten auf die absteigende Wand gestellt hat, wird mit einer Verweigerung bestraft: 5 Punkte.
- Der Slalom: Zu Beginn muß der erste Pfosten sich auf der linken Seite des Hundes befinden, der zweite rechts und so weiter.
  Wenn der Hund den Slalom falsch beginnt, wird er mit einer Weigerung bestraft, verfehlt er ein Tor, wird er mit einem Fehler bestraft; auf jeden Fall muß der Hundeführer den Fehler sofort berichtigen, indem er seinen Hund zur Fehlerstelle zurückbringt.
  Der Slalom ist das einzige Hindernis, bei welchem man den Hund zwingt, zu der Fehlerstelle zurückzugehen; dadurch wird er in der Zeit bestraft. Durch diese Handhabung werden alle falsche Eingänge durch eine Verweigerung bestraft = 5 Punkte:
  Andererseits werden die Fehler im Slalom selbst auf max. 5 Punkte begrenzt.
  Maximale Strafe = 15 Punkte (2 Verweigerungen = 10 Punkte + 1 oder mehrere Fehler = 5 Punkte).
  Im Falle eines falschen Abganges wird der Ausschluß ausgesprochen, wenn der Hundeführer diesem nicht Rechnung trägt und das nächste Hindernis angeht.

- Der Weitsprung: Die Elemente des Weitsprungs werden so aufgestellt, daß man einen Sprung von 1,20 bis maximal 1,50 m erhält. Mini Agility 0,60 bis 0,75 m. In der Breite Überspringen oder am Hindernis Vorbeigehen wird als eine Verweigerung angesehen und mit 5 Punkten bestraft. Berühren, Umwerfen eines Elementes oder eine Pfote zwischen die Elemente setzen wird mit 5 Punkten bestraft. Gehen im Weitsprung wird durch eine Verweigerung bestraft: 5 Punkte.
- Der Wassergraben: Vergleichbar mit dem Weitsprung, ist er durch eine niedrige Hürde mit Stäben immer am Anfang des Hindernisses vervollständigt.
  Die Strafbestimmungen sind die gleichen wie für den Weitsprung. Wenn der Hund die Wasseroberfläche berührt, ist die Strafe: 5 Punkte.
- Die Kombination von zwei oder drei Hindernissen.
  Jedes der Elemente einer Kombination wird unabhängig beurteilt. Verweigerungen oder Abwürfe werden auf jedes Hinternis addiert. Im Falle eine Verweigerung eines Hindernisses ist mit der Gesamtheit der Kombination neu zu beginnen.

FEHLER DIE DEN AUSSCHLUSS NACH SICH ZIEHEN

- Unkorrektes Verhalten dem Prüfungsrichter gegenüber.
- Mißhandlung seines Hundes.
- Überschreiten der „MAXIMALZEIT FÜR DIE STRECKE“.
- Bei der dritten Verweigerung auf der gesamten Strecke.
- Die Hindernisse nicht in der angegebenen Reihenfolge angehen.
- Ein Hindernis übersehen.
- Die Hindernisse in der falschen Richtung angehen.
- Der Hundeführer überspringt selbst ein Hindernis.
- Der Hundeführer hält etwas in der Hand.
- Der Hundeführer nimmt seinen Hund an den Start zurück, nachdem derselbe schon die Startlinie überschritten hatte (Ausnahme auf Befehl des Prüfungsrichters).
- Anhalten auf der Strecke durch den Hundeführer, ohne Befehl des Prüfungsrichters.
- Der Hund vergißt sich, verläßt das Gelände oder befindet sich nicht mehr unter der Kontrolle seines Führers.

Der Ausschluß zieht die Disqualifikation und den sofortigen Abgang des Hundeführers und seines Hundes nach sich. Derselbe muß (durch Pfeifton oder Hornsignal) vom Prüfungsrichter angezeigt werden. Alle nicht vorhergesehenen Fälle werden durch den Prüfungsrichter beurteilt, selbstverständlich soll der Prüfungsrichter vom Beginn bis zum Ende des Wettbewerbs von gleicher Milde oder gleiche Strenge sein.

Fälle von höherer Gewalt

Bei einem Zwischenfall ohne Zutun des Hundeführer, wie z. B. das Umfallen von Hindernissen, das Verwickeln des Stofftunnels, kann der Prüfungsrichter den Hundeführer anhalten und selbstverständlich auch die Zeitnahme.

Nachdem das Hindernis wieder in Ordnung gebracht ist, läßt der Prüfungsrichter die Zeitnahme wieder aufnehmen und setzt den Hund wieder an der Stelle an, wo er angehalten wurde. Alle vorher erhaltenen Strafpunkte bleiben gültig.

QUALIFIKATIONEN/AUSZEICHNUNGEN

Für die Prüfungen werden folgende „Qualifikationen" zuerkannt:
von 0 bis 5,99 Gesamtstrafpunkten = Vorzüglich
von 6 bis 15,99 Gesamtstrafpunkten = Sehr gut
von 16 bis 25,99 Gesamtstrafpunkten = Gut
ab 26 Gesamtstrafpunkten = Keine Klassierung.

Unter Gesamtstrafpunkten ist zu verstehen: die Fehlerpunkte an den Hindernissen (pro Punkt) plus Strafen für das Überschreiten der Standardzeit.

Das „F. C. I. AGILITY Diplom" wird jenem Hund zuerkannt, der drei Bewertungen „Vorzüglich" unter zwei verschiedenen Agility Richtern während drei Prüfungen im „Agility 1. Grad" erhalten hat.

Eine Prüfung gilt als bestanden mit einer Auszeichnung, wenn der Hund „Vorzüglich" oder „Sehr gut" hat.

KLASSIERUNG

Die Klassierung erfolgt unter Berücksichtigung:

1. der Summe der Strafpunkte (Fehler auf der Strecke + Zeitstrafen)
2. Im Falle gleicher Gesamtstrafe, wird jener Hund als erster klassiert, der die wenigsten Streckenfehler aufzuweisen hat.
3. Im Falle gleicher Gesamtstrafen und gleicher Streckenfehler berücksichtigt man die reale Zeit.

Beispiel für eine Standardzeit für die Strecke von 60 Sekunden

Rücken-nummer	**Strafen/ Strecken**	**Reale Zeit**	**Zeitstrafen**	**Gesamt-strafen**	**Klassie-rung**
7	5,00	58,71	0,00	5,00	3
12	0,00	65,00	5,00	5,00	1
18	5,00	57,25	0,00	5,00	2
4	0,00	68,32	8,32	8,32	4
15	10,00	59,17	0,00	10,00	6
2	5,00	65,00	5,00	10,00	5

ORGANISATION EINES WETTBEWERBES

Die Klubs, die AGILITY-Prüfungen zu organisieren wünschen, müssen:

1. sich nach einem Gelände umsehen mit den Mindestmaßen von 20 m × 40 m. Die Beschaffenheit des Geländes muß derart sein, daß auf der gesamten Strecke keinerlei Gefahr für den Hund oder den Hundeführer besteht. (Keine Glasscherben, Nägel, Unebenheiten usw. . . .)
2. Einen Prüfungsrichter auswählen, der für das vorliegende Programm durch seine L. A. O. nominiert durch die F. C. I. anerkannt ist, qualifizierter Richter oder Anwärter, der richten kann.
3. Über die notwendigen Personen für einen guten Ablauf des Wettbewerbs verfügen, nämlich:
   1 Assistenten des Richters, der es ihm erlaubt, den Hund, der auf der Strecke ist, nicht aus den Augen zu lassen. Er notiert die vom Prüfungsrichter angegebenen Strafpunkte.
   2 Zeitnehmer (1 Offizieller und 1 Sicherheitskontrolle), die mit der Zeitnahme des Umlaufs betraut sind.
   2 Geländekommissare mit der Aufgabe, die umgefallenen Hindernisse auf ihren Platz zu stellen und den Stofftunnel nach jedem Durchlauf wieder zu spannen.
   (Wenigstens) 2 Sekretäre, um die Resultate auf die Beurteilungsblätter zu übertragen, die Klassierungen aufzustellen und die Leistungshefte auszufüllen.
   1 Kommissar für die Konkurrenten, zu dessen Aufgaben es gehört, die Konkurrenten in der vorgesehenen Reihenfolge vorzubereiten, und den guten Ablauf der Prüfung zu gewährleisten.
   Eine Mannschaft (von 6 Personen) ist vorzusehen für das Aufstellen und Versetzen der Hindernisse, gemäß den Angaben des Prüfungsrichters.

ALLGEMEINE BEDINGUNGEN FÜR DIE ZULASSUNG ZU DEN WETTBEWERBEN

An den Wettbewerben können teilnehmen:

a) an den von der F. C. I. anerkannten, offiziellen AGILITY-Prüfungen:
   die für die Zuerkennung des F. C. I.-Agility-Diploms und für die Auswahl für die nationalen Prüfungen und die Weltmeisterschaft der AGILITY der F. C. I. zählen.
   Die Hunde aller Rassen, die älter als 15 Monate sind, in einem durch die F. C. I. anerkannten „Zuchtbuch" eingetragen und Mitglied eines Klubs einer Landesorganisation sind, die der F. C. I. angeschlossen ist.
   Die Teilnehmer müssen ein Leistungsheft besitzen, ausgegeben durch ihre Landesorganisation, in welches alle Prüfungsergebnisse eingetragen werden.
b) an den nicht anerkannten Prüfungen:
   Alle Hunde, die älter als 15 Monate sind, mit oder ohne Stammbaum, aber zwangsläufig tätowiert, und die Mitglied eines Klubs einer Landesorganisation sind, die der F. C. I. angeschlossen ist.

An den Prüfungen können nicht teilnehmen:

- Trächtige Hündinnen
- Läufige Hündinnen
- Offensichtlich kranke oder verwundete Hunde.

Alle Hunde, die aus einer Region kommen oder in eine Region gehen, in welcher die Tollwut herrscht, müssen mit einer gültigen Bescheinigung über die Tollwut-Impfung versehen sein.

Der Hundeführer muß Mitglied eines Klubs sein, der selbst seiner Landesorganisation angeschlossen ist.

Ausländische Mannschaften, Hundeführer/Hund, müssen ihre Zugehörigkeit zu einer durch die F. C. I. anerkannten L. A. O. und ihre Teilnahme an offiziellen Wettbewerben ihres Landes nachweisen.

Eine korrekte Kleidung der Konkurrenten wird verlangt.

Jeder Akt von Brutalität gegenüber seinem Hund wird strengstens bestraft und die Disqualifizierung erfolgt sofort, unabhängig von jedem weiteren Rechtsmittel, welches gegen den Hundeführer eingeleitet werden könnte.

Der organisierende Klub behält sich das Recht vor, Einschreibungen zu verweigern.

KATEGORIEN DER PRÜFUNGEN UND ARBEITSKLASSEN

Zwei Kategorien von Prüfungen sind vorgesehen.

1. Offiziell „anerkannte“ Prüfungen
2. Nicht-anerkannte Prüfungen

Zwei Arbeitskategorien sind vorgesehen:

1. Die „Standard“-Kategorie: Hunde von mehr als 40 cm Widerrist
2. Die „Mini“-Kategorie: Hund von weniger als 40 cm Widerrist

N. B.: Hunde von weniger als 40 cm werden nur in der „MINI-AGILITY“-Kategorie teilnehmen können. Hunde mit beschränkter Größe Mini/Standard werden ein offizielles Beweisstück der Höhe am Widerrist vorlegen müssen.

1. Offizielle durch die F. C. I. anerkannte AGILITY-Prüfungen

Diese Prüfungen stehen Hunden aller Rassen offen, die mehr als 15 Monate alt sind, in einem durch die F. C. I. anerkannten „Zuchtbuch“ eingetragen und mit einem durch ihre L. A. O. ausgehändigten Leistungsheft versehen sind.

Die anerkannten Prüfungen umfassen drei Klassen:

a) AGILITY-Klasse 1. Grad.
Den Hunden vorbehalten, die ihr „Agility-Diplom“ nicht erhalten haben.

b) AGILITY-Klasse 2. Grad.
   Den Hunden offenstehend, die schon ihr „Agility-Diplom“ besitzen.
c) AGILITY-Klasse 3. Grad.
   Den Hunden offenstehend, die 3mal bei den 3 ersten einer Prüfung des 2. Grades ohne Fehler waren.

Um die Strecke aufzustellen, verwendet der Prüfungsrichter die von der F. C. I. anerkannten Hindernisse nach seinem Gutdünken.

Anmerkung:

Für eine „AGILITY-Strecke 1. Grad“ läßt man den Hund auf maximal drei Hindernissen mit Kontaktzonen arbeiten (nach Wahl des Prüfungsrichters). In der „AGILITY-Strecke 2. Grad und 3. Grad“ auf maximal vier Hindernissen mit Kontaktzonen nach der Wahl des Prüfungsrichters.

Pro Strecke darf der Slalom nur einmal durchlaufen werden. Die Hindernisse mit Kontaktzonen werden niemals direkt beim „Start“ oder beim „Ziel“ aufgestellt. Der Reifen oder der Weitsprung werden immer in gerader Linie aufgestellt.

Der Unterschied zwischen einer AGILITY 1. Grad und einer AGILITY 2. Grad und einer AGILITY 3. Grad besteht in:

- der Schwierigkeit im Streckenverlauf und in seiner Länge
- der Bewegungsgeschwindigkeit, die die Standardzeit für die Strecke festlegt

In der Kategorie „MINI AGILITY“

Die gleichen Vorschriften wie oben, aber die Hindernisse müssen den festgelegten Normen für die „MINI AGILITY“ entsprechen.

Die bei anerkannten Prüfungen erhaltenen Resultate werden in das „Leistungsheft“ oder „Lizenz“ eingetragen und erlauben die Teilnahme an Nationalen Meisterschaften, selbst an Weltmeisterschaften der F. C. I.

2. Nicht anerkannte Prüfungen

Sie sind der Initiative der einzelnen Länder überlassen. Diese „nicht-anerkannten“ Prüfungen müssen im Sinne der „AGILITY“ bleiben und die Sicherheit von Hund und Hundeführer gewährleisten. Der Prüfungsrichter gibt die Regeln vor jeder Prüfung genau bekannt.

Die Notierung von nicht anerkannten Prüfungen kann standard oder spezifisch sein, je nach dem Typ der Prüfung.

Die Anzahl von nicht anerkannten Prüfungen wird vom Organisationsklub, unter Berücksichtigung der verfügbaren Zeit und der Anzahl der eingeschriebenen Hunde, festgelegt.

C – „AGILITY-WELT-MEISTERSCHAFT DER F.C.I."

1. ORGANISATION

Eine „AGILITY-*Welt*-Meisterschaft" wird alljährlich organisiert. Der Sieger erhält den Titel „AGILITY-*Welt*meister" zuerkannt.

Die Landesorganisationen, die für die Organisation einer „AGILITY-*Welt*-Meisterschaft" kandidieren, müssen ihren Antrag minimum fünf Jahre vor dem geplanten Datum, an den Präsidenten der AGILITY-Kommission der F.C.I., richten. Folgende genauen Angaben müssen gemacht werden:

- Name der kandidierenden Landesorganisation.
- Vorgesehener Ort und vorgesehenes Datum.
- Beschreibungen und Plan der Einrichtungen und des für die Meisterschaft ausgewählten Geländen, sowie der zur Verfügung gestellten Mittel, die dem „Lastenheft der AGILITY-*Welt*-Meisterschaft", welches diesem Reglement als Anlage beigefügt ist, entsprechen.

Da die AGILITY-*Welt*-Meisterschaft das Gipfeltreffen der Agilitysten der Mitgliedsländer der F.C.I. darstellt, stellt sich für das Organisationsland die Aufgabe, dieser Veranstaltung den Glanz und die Dimension zu geben, die einer „*Welt*-Meisterschaft" würdig sind.

Es muß seine ganze Sorgfalt auf die materielle Organisation, sowie den Empfang der Teilnehmer und der Offiziellen wenden. Ganz besondere Sorgfalt soll der Lautsprecher-Anlage gewidmet werden, damit eine ununterbrochene Animation möglich ist, die unbedingt für den Erfolg der Veranstaltung notwendig ist. Das Organisationsland wird die Kontakte zu den Medien, der Presse, Radio und Fernsehen sichern, um dieser Meisterschaft die Publizität zu geben, die notwendig ist, ein großes Publikum anzuziehen im Sinne der Förderung der Agility und des Rassehundes.

Die Landesorganisation, die die Veranstaltung übernimmt, ist allein verantwortlich der F.C.I. gegenüber für die materielle Organisation der Meisterschaft und sie trifft alle notwendigen Verfügungen, die ihren guten Ablauf erfordern. Sie muß wenigstens 6 Monate vor der Meisterschaft die Landesorganisationen zur Teilnahme einladen, unter Angabe des letzten Einschreibungstermins und der Höchstzahl der zugelassenen Einschreibungen mit dem Auftrag, für ihre Vertreter eine einheitliche Bekleidung vorzusehen.

Die AGILITY-Kommission der F.C.I. bestimmt einen Verantwortlichen, der beauftragt ist, das Einhalten des „Lastenheftes", welches den Organisatoren übergeben wurde, und die Anwendung des AGILITY Reglements der F.C.I. zu überwachen. Er vertritt die Kommission, und die Organisatoren müssen ihm ihr Veranstaltungsprogramm unterbreiten.

2. PRÜFUNGEN DER AGILITY-WELT-MEISTERSCHAFT

Die Prüfungen werden gemäß dem in Kraft befindlichen AGILITY-Reglement der F.C.I. beurteilt. Sie sollen auf einem Platz von 30 × 40 m mit zwei

Prüfungsrichtern, einer davon wird aus dem Organisationsland stammen, ablaufen.

Die *Welt*-Meisterschaft umfaßt:

a) 2 „individuelle" Prüfungen

- 1 AGILITY Strecke
- 1 Jumping Strecke ohne Berührungszonen und ohne Tisch mit der Ausnahme, daß die Zone sich beim Start befindet, unter welchen Umständen sie nicht als Hindernis betrachtet sein wird.

Die Strecken umfassen die anerkannten Hindernisse. Die zusammengefaßten Resultate der beiden Prüfungen ergeben den Sieger, dem der Titel „AGILITY-*Welt*-Meister" zuerkannt wird. Im Falle eines ex aequo (nur) für den ersten Platz wird ein dritter Umlauf ausgetragen, um eine Entscheidung zwischen den beiden Konkurrenten herbeizuführen.

b) 2 Prüfungen für Mannschaften zu je 4 Hunde maximum

- 1 AGILITY Strecke
- 1 Jumping Strecke ohne Berührungszonen und ohne Tisch mit der Ausnahme, daß die Zone sich beim Start befindet, unter welchen Umständen sie nicht als Hindernis betrachtet sein wird.

Jedes teilnehmende Land kann eine Mannschaft von **maximum** 4 Hunden per Kategorie, Standard und Mini bilden (ein Hund kann nur in einer einzigen Mannschaft zum Wettbewerb antreten). Die Strecken umfassen die anerkannten Hindernisse.

Für die Klassierung wird allein das an jedem Tage errungene Ergebnis der 3 besten Hunde der Mannschaft berücksichtigt und die Mannschaft des gewinnenden Landes wird, pro Mannschaft, den Titel Welt Champion in AGILITY zuerteilt bekommen.

HUND IN WEISS: Am Anfang jeder Prüfung und **nach Aufstellung der Standardzeit durch den Richter**, wird, außerhalb des Championats, ein „Hund in Weiß" die Strecke zurücklegen.

3. ANMELDUNGEN

Jede Landesorganisation, die der F.C.I. angeschlossen ist, kann für die *Welt*-Meisterschaft höchstens 10, durch sie ausgewählte Hunde, anmelden, welche unabhängig in Individuelle oder in Mannschaften am Wettbewerb teilnehmen werden können.

Jedoch ist die maximale Hundeanzahl pro Land und in jeder Prüfung wie folgend:

- In „Individuelle": 8 Hunde, Standard und Mini zusammen
- In „Mannschaften": 1 Mannschaft von maximum 4 Hunden pro Kategorie, d. h. 1 Standard-Mannschaft, 1Mini-Mannschaft

N. B.: Die Gewinner des Championats im vorigen Jahre in „Individuell" (Standard und Mini) werden zwangsweise ausgewählt, um deren Titel erneut ins Spiel zu setzen, dies zusätzlich der maximalen Hundeanzahl, die durch deren Land erlaubt ist.

Um ausgewählt werden zu können, muß es sich bei den Hunden um Rassetiere handeln, die in einem durch die F.C.I. anerkannten „Zuchtbuch“ eingetragen sind und die die Auszeichnung „Vorzüglich“ oder „Sehr gut“ in der AGILITY-Klasse 2. Grad bei einem offiziellen Wettbewerb erhalten haben. Die anderen Kriterien der Auswahl bleiben der Initiative der Landesorganisation überlassen.

Die Landesorganisationen senden, innerhalb der Anmeldefrist, alle zusammengefaßten Meldezettel, die durch sie vorschriftsmäßig unterschrieben wurden, an die Organisations-Gesellschaft. Auch bezeichnen sie einen „Mannschaftsführer“, alleiniger Verantwortlicher seiner Mannschaft gegenüber der organisierenden Gesellschaft.

4. TIERÄRZTLICHE KONTROLLE

Eine tierärztliche Kontrolle wird vor dem Wettbewerb durchgeführt, mit Überprüfung der Impfbescheinigung gegen die Tollwut. Kranke oder verwundete Tiere, trächtige Hündinnen werden zum Wettbewerb nicht zugelassen. Läufige Hündinnen können zugelassen werden unter der Bedingung, daß sie an einer abgelegenen Stelle, von den anderen Teilnehmern getrennt, gehalten werden, und damit einverstanden sind, als letzte für die Prüfungen präsentiert zu werden.

Die Hunde, die aus einer mit Tollwut befallenen Gegend kommen oder dorthin gehen, müssen mit einer gültigen Impfbescheinigung gegen Tollwut versehen sein.

5. LEISTUNGSHEFT ODER LIZENZ

Das Leistungsheft *oder Lizenz* des Hundes ist obligatorisch und muß vor dem Wettbewerb den Organisatoren übergeben werden.

6. JURY

Die AGILITY-Kommission der F.C.I. ernennt zwei qualifizierte Prüfungsrichter, wo von einer aus einem anderen als dem Organisationsland sein muß. Die Auslagen der Prüfungsrichter werden durch das „Lastenheft der AGILITY-*Welt*-Meisterschaft der F.C.I.“ bestimmt.

Es ist Aufgabe des Organisationslandes, dem ausländischen Richter einen Dolmetscher zur Verfügung zu stellen.

7. AUSZEICHNUNGEN

Im Interesse der internationalen AGILITY ist es wünschenswert, daß jedes teilnehmende Land zum Erfolg der *Welt*-Meisterschaft beiträgt, indem es dem Organisations-Komitee einen „Ehrenpreis“ zur Verfügung stellt.

Die Organisatoren einer AGILITY-*Welt*-Meisterschaft verpflichten sich, das vorliegende Reglement zu respektieren und sich an das Lastenheft zu halten, welches alle Mittel bestimmt, die für eine solche Veranstaltung eingesetzt werden müssen, sowie die Pflichten der Organisatoren.

Die in Kursivschrift angebrachten Teile wurden durch den F.C.I.-Gesamtvorstand am 23. November 1995 in Mexiko genehmigt.

Literatur

Eberspächter, Hermann: Psychologisches Aufbautraining nach Sportverletzungen. BLV Verlagsgesellschaft, München.
Helm, Ludovika: Mental in Form. Verlag Hermann Bauer, Freiburg.
Hertrich, Hans-Günter: Hundespaß Agility. Kosmos Verlag, Stuttgart.
Hobday, Ruth: Agility macht Spaß. Band 1 und 2. Kynos Verlag, Mürlenbach.
Loefler, Klaus: Anatomie und Physiologie der Haustiere. Ulmer Verlag, Stuttgart.
Messent, Peter: Hunde. Das Rätsel ihres Verhaltens und ihrer Sprache. R. Pieper und Co Verlag, München, Zürich.
Steiner, Astrid: Agility/Die neue Hundeausbildung. Müller Rüschlikon-Verlag, Zürich.
Tholen, Ralf: Agility Meisterwerke. Parcourssammlungen. Eigenverlag, Lohmar.
Wolf, Doris und Merkel, Rolf: So überwinden Sie Prüfungsängste.
Psychologische Strategien zur optimalen Vorbereitung und Bewältigung von Prüfungen. Pal Verlagsgesellschaft, Mannheim.
Zimen, Erik: Der Hund. Abstammung – Verhalten/Menschen und Hund. Bertelsmann Verlag GmbH, München.

Mein Hund.
Das praktische Handbuch für den Hundefreund.
Originaltitel: You & Your Dog. Unipartverlag, Stuttgart.

Agility Welt
Die Zeitschrift für den Agility-Sport
Minerva-Verlag GmbH
Mönchengladbach

Partner Hund
Gong Verlag
München

Abbildungsverzeichnis

Titelfoto: Gabriele Lehari, Reutlingen.
Alle anderen Fotos: Werner Lau, Marl.

Sachwortregister